JN320470

【シリーズ】21世紀の福祉国家と地域 2

グローバル化と福祉国家と地域

渋谷博史
樋口　均　編
櫻井　潤

学文社

もくじ

序章　グローバル化と福祉国家と地域をみる眼（渋谷博史）　7
 0.1　21世紀型の福祉国家　7
 0.2　グローバル化の歴史　9
 0.3　アメリカ・モデルのインパクト　12
 0.4　希望なき未来　14
 0.5　小説『蕨野行』と分権的「小さな政府」と地域コミュニティ　19
 0.6　本書の構成　23

第1章　グローバル化と地域経済（樋口均）　28
 1.1　産業空洞化　28
 1.2　土建国家の解体　34
 1.3　地域経済へのインパクト　42

第2章　過疎自治体と原子力発電所（塚谷文武）　53
 ：福井県三方郡美浜町を事例として
 2.1　過疎自治体としての美浜町と原子力発電所　53
 2.2　戦後日本の原子力政策と美浜町　56
 2.3　美浜町の経済構造と財政構造　65
 2.4　21世紀の地域再生の模索　72

第3章　日本型福祉国家（渋谷博史）　75
 3.1　日本国憲法と福祉国家　75
 3.2　人口高齢化　78
 3.3　社会保障システムの全体像　82
 3.4　社会保障システムの財源　88
 3.5　年金システム　90
 3.6　年金システムの問題点　94

第4章　日本の社会保険と地域（櫻井潤）　100
 ：21世紀の医療保障と介護保障
 4.1　少子高齢化とグローバル化と医療と介護　100
 4.2　医療保険制度　108

4.3	介護保険制度	122
4.4	社会保険の再編と地域社会	130

第5章　国民皆保険システムのほころび（長谷川千春）　138
：「無保険」問題の顕在化

5.1	国民皆保険システムとセフティネットとしての生活保護	138
5.2	日本の「無保険」問題とは	145
5.3	保険料の滞納による「無保険」状況の発生	147
5.4	国保への未加入による「無保険」状況の発生	152

第6章　自治体病院と地方財政（吉弘憲介）　158
：地域からの福祉国家の検討

6.1	自治体病院を巡る状況	160
6.2	中国地方における自治体病院の現状	162
6.3	鳥取県日南町国民健康保険日南病院	164
6.4	広島県尾道市公立みつぎ総合病院	169
6.5	自治体病院経営から考える公的支出の「質」	172

あとがき	176
索引	178

グローバル化と福祉国家と地域

序章　グローバル化と福祉国家と地域をみる眼

0.1　21世紀型の福祉国家

　あのベビーブーム世代が「アラ還」となって同窓会を盛んにおこなっている。アラ還とは，Around還暦の略語であり，子どものころには嵐寛寿郎（あらかん）主演の映画「鞍馬天狗」に心躍らせ，1970年前後には吉祥寺のジャズ喫茶「ファンキー」でコカコーラを飲みアメリカのジャズを聴きながら『資本論』を読み，次の日には国会周辺で「アメリカ帝国主義粉砕」を叫んでいた世代である。その直後，突然に「いちご白書をもう一度」などといって企業戦士に変身して，1970年代の二度の石油危機を乗り越える国際競争に参加したのである。

　その前向きの集団的戦いの習性をもつベビーブーム世代が，いよいよ年金や老人医療の分野に突入する準備を始めている。21世紀の現役世代と子どもたちから経済資源を取り上げて安楽な老後をむさぼるために，政治的結集をはかるようなことになれば，えらいことである。

　彼らのエネルギーを，21世紀の新しい社会条件に整合する福祉国家の転換の方向に振り向けることが，ベビーブーム世代の一員でもある序章の執筆者（渋谷）の秘かな狙いである。先に答えをいっておくと，福祉国家の構造を分権的な「小さな政府」に転換して，

それを根底的に支えるべく地域のコミュニティを再生することに，ベビーブーム世代のエネルギーを集中させるのである。

21世紀の新しい社会条件とは，第1は，もうすぐベビーブーム世代の加齢で一気に進む人口高齢化によって年金・医療・介護の費用が膨張することであり，第2は，20世紀末からのグローバル化である。第1の人口高齢化によって福祉国家の主たる費用負担者である現役世代に対する主たる受給者である高齢世代の比率が急上昇して，福祉国家が財政的に立ち行かなくなる。さらに第2のグローバル化による国際競争の激化で日本経済の余力がなくなり，現役世代の所得が伸び悩み，福祉国家を賄う租税や社会保険がいっそう不足するのである。

第1の要因である人口高齢化に焦点をおいて書き上げたのが，本シリーズ「21世紀の福祉国家と地域」の第1巻『福祉国家と地域と高齢化』であり，そのなかで以下のように述べている。

> 20世紀には好条件があった。第1に，経済成長が豊かな税収や社会保険料をもたらし，第2に人口構成が高齢化する前であったので，現在よりも相対的に少ない高齢者に対する年金や医療について給付の寛大が可能であった。
>
> たとえば，年金制度では，年金保険料を拠出する現役労働者に比べて，年金給付を受ける退職高齢者の数が相対的に少ない状態から制度の立上げが行われ，次第に時間の経過とともに，現役労働者に対する退職受給者の比率が上昇するという意味の「年金制度の成熟」が進行するはずである。
>
> しかし1990年代あたりから年金制度に限らず，福祉国家システムの全体にかかわる人口構成の面からの「成熟」の速度が高まった。それが，21世紀的な状況下で福祉国家をスリム化することが要請される根本要因である。

すなわち，人口構成の変化という根本要因のゆえに20世紀型の寛大な福祉国家から21世紀型のスリム化ベクトルが要請されることは必然であったが，さらに20世紀末に社会主義の崩壊と，IT革命を内蔵するグローバル化が進展して，その必然的スリム化についての推進要因となった。すなわち，20世紀後半の社会主義との体制選択の競争は福祉国家拡充の推進要因であったがそれが消滅し，また，IT革命とグローバル化による徹底的な国際競争は，企業のコスト切り下げ圧力を通して，福祉国家の抑制要因となったのである。

そして，この第2巻『グローバル化と福祉国家と地域』では，推進要因としてのグローバル化に焦点を当てて，勉強を進めるのである。

0.2 グローバル化の歴史

2009年9月に成田空港からワシントンのダレス空港への直行便に乗った。オフシーズンの平日であったにもかかわらず，ほぼ満席であり，世界的な不況で日本も経済状況が悪化するなかで経済格差が広がってさまざまなかたちで貧困が問題になっている状況とのコントラストをみた。経済格差というのは，底辺で困っている人びとがいるだけではなく，またほんの一部の成功者が贅沢にふけるだけでもなく，その中間で大衆的な規模で豊かな階層が存在するということを実感した。

このフライトでもうひとつ感じたのは，グローバル化である。四半世紀前にこのワシントン直行便が始まったころは，実に空いており，オフシーズンの平日であれば，ビジネス席よりはエコノミー席に乗るほうが，3人掛けあるいは4人掛けの一列のひじ掛けを上にあげて横になって寝ることが可能なフライトもあった。その後，修

学旅行等の集団が乗ってくることもあったが，その場合には，個人客はビジネス席に格上げしてくれることもあった。ところが，最近の乗客はワシントンで仕事をする文字どおりのビジネス客が増加し，また旅行者は単なる観光よりは，ワシントン周辺に駐在する親族を訪問する人が増えており，それは，入国審査を終えて出たところに並んでいる出迎えの親族の様子からみてとれる。

さて，私のワシントンへ訪問の目的は，2009年初めに発足したオバマ民主党政権による"Change"（変革）が，半年たって，どのように進展したのかをみるためであった。現在の強烈に進行するグローバル化は第一義的にアメリカ・モデルの世界展開であり，そのアメリカ・モデルを象徴的に表現するのが，2008年の大統領選挙でオバマ候補が掲げた"Change"というキャッチフレーズである。

ただし，その"Change"はただ変わればよいというものではなく，アメリカ・モデルの本質的なベクトルである「市場と民主主義の経済社会」を徹底的に実現するという方向への変化・変革である。民主主義の政治システムにおいても，市場の経済システムにおいても，人間は人種や民族や性別にかかわらず平等であり，その平等の条件のもとで自由に競争するというベクトルである。

17世紀にヨーロッパの古い社会システムから自由を求めてアメリカに渡った人びとを建国の祖とし，その後，「自由の領域」であるアメリカは西へ西と拡大し，ついに19世紀の半ばには太平洋を越えて日本に開国を迫るまでにいたった。それ以来，日本は市場と民主主義の経済社会へのベクトルを本質とするグローバル化の長期的なインパクトのもとで近代国家，現代国家に変貌する歴史過程におかれた。

1990年代からのIT革命と冷戦終結という新しい条件下で進行する現在のグローバル化というものは，数百年にわたる欧米の「市場と民主主義の経済社会」というベクトルが地球上に展開するという長期的なグローバル化の一つの段階とみることができる。本書では，現在のIT革命と冷戦終結の条件下のグローバル化を「グローバル化」と呼び，歴史的な世界展開を「長期的グローバル化」と呼ぶことにする。

　さて，日本の福祉国家と地域を考えるときに，現在の「グローバル化」の前段階である「戦後的グローバル化」という概念も必要となる。日本が第2次大戦の悲惨な敗北のショックから立ち直るときに，勝利国のリーダーであるアメリカの提示するアメリカ・モデルを受容することから始めた。それを象徴的するのが日本国憲法の諸規定である（第3章参照）。そして，戦後パクス・アメリカーナのもとで提供される安定的な国際秩序，石油・鉱石等の安価な輸入資源，アメリカ等の広い輸出市場という条件下で，歴史的にみて稀なほどの持続的な経済成長があり，「豊かな社会」と日本型福祉国家が実現した。戦後のパクス・アメリカーナのもとで世界中に「市場と民主主義の経済社会」がさまざまなかたちで普及するが，日本はその「戦後的グローバル化」の模範生であり，同時に，「市場と民主主義の経済社会」に敵対する社会主義勢力に対する防波堤という役割も担った。

　そして1990年代になると，一方で社会主義勢力が自壊し，他方ではIT革命等の技術進歩によって現在のグローバル化が急激に進行する。特に日本にとって重要なことは，中国の市場経済化がアメリカ等への安価な工業製品の輸出をモーティブとしたことである。

それは，戦後的グローバル化の時期に日本がアメリカ等への工業製品の輸出をモーティブとしたのと同様であるが，そのことは，その戦後的グローバル化のなかで実現していた日本の「豊かな社会」と福祉国家にとっては，後述するように，重大な条件変化をもたらすことになった。

0.3 アメリカ・モデルのインパクト

ワシントン滞在中に，オバマ政権の"Change"が進展するプロセスを議会審議のなかで観察することもできたが，それ以上に印象的であったのが，ホワイトハウスの近くにあるリンカーン記念堂に上る階段に，キング牧師の"I have a dream"という言葉が彫り込まれていたことである。大きな歴史の流れをみれば，19世紀に黒人奴隷を解放したリンカーン大統領と，21世紀に黒人で初めて大統領になったオバマの間に，20世紀中ごろのキング牧師がいた。1963年の歴史的な公民権運動の大集会で，キング牧師はリンカーン記念堂の正面の階段の上に立って，"I have a dream"という言葉で始まる演説をおこなった。その言葉がその場所に刻まれていた。キング牧師の夢とは，黒人も白人も平等に自由に暮らすアメリカ社会であり，その方向への進展を象徴的に体現すべくオバマ大統領が出現したのである。

もう一つ印象的なのは，朝鮮戦争の碑に刻まれた"Freedom is not Free"という言葉であった。財政学者である私は，十数年前に初めてみたときに，そばにいた家族に，戦争をするにはコストがかかり，それをアメリカの納税者に認めさせるという意図であると解説してしまった。幸いなことに数時間後に，この言葉はお金の話を

しているのではなく，アメリカ・モデルにとって最重要な価値である自由のために，いかなる犠牲も払うという決意表明であることに気づいて，大急ぎで訂正したという思い出がある。

朝鮮戦争の碑と数百メートル離れたベトナム戦争の碑の両方に，たくさんのアメリカ人が家族連れで来ていた。20世紀の現代史をリードしてきたアメリカの「自由の戦い」に自らを同化する世代が，懐かしむと同時に次の世代に継承させようとしているのであろうか。その二つの戦争の碑の間にリンカーン記念堂がある。20世紀に二つの世界大戦でアメリカが世界の自由のために戦ったとすると，リンカーンは19世紀中ごろにアメリカ国内の自由の戦いである奴隷解放の南北戦争に勝利した大統領である。

その自由のために，帝国主義やファシズムや社会主義と闘うという大きな歴史の流れの延長線上に，現在のグローバル化も位置づけているのがアメリカの基本的なスタンスであり，人種差別を乗り越えて登場した黒人のオバマ大統領が"Change"という言葉を掲げることも，そのアメリカ・モデルの正当性の証となるのであろう。

そして，そのような強烈なアメリカ・モデルのインパクトを受容しながら，世界の二つの人口大国である中国とインドが「市場と民主主義の経済社会」の方向に転換する時代に，日本の「豊かな社会」と福祉国家はいかなる影響を受けるのであろうか。

人口高齢化とグローバル化によって資源制約が強まるなかで，福祉国家を21世紀型に再編するときに，上記のように，ベビーブーム世代のエネルギーを，分権的な「小さな政府」を根底的に支える地域のコミュニティの再生に振り向けることが重要であるが，20世紀の右肩上がりの経済成長と所得再分配の枠組みから発想を転換

するために，小説『蕨野行』（村田喜代子著）が良いインプリケーションを与えてくれる。後で小説『蕨野行』を材料にいろいろ考えるつもりであるが，その前に，そのインプリケーションを良く消化できるように，日本の現状に存在する「希望なき未来」を予感させる現象についてみておこう。

0.4　希望なき未来：孤独死と介護殺人

21世紀にグローバル化のもとで産業の空洞化がいっそう進行し，人口の少子高齢化のトレンドが続くと，日本社会が歩むかもしれない最悪のシナリオは，孤独死と介護殺人に特徴づけられる，「希望なき未来」となる。

1　孤独死（孤立死）の社会的背景

平成21年度の『高齢社会白書』にショッキングなコラムがあった。少し長いが，コラム「孤立死（孤独死）ゼロを目指して」を引用したい。

　「年の瀬。ビルのはざまにある東京・代々木の借家から，男性の白骨遺体が見つかった。病死とみられ，死後6年以上が過ぎているという。男性は借家で妻子と「幸せな家庭」を築いていたが，離婚して行方不明に。人知れず借家に戻って「孤独死」した。その後も誰にも気づかれることなく，放置された。師走の悲しすぎる現実…。都会の人間関係の希薄さが浮かび上がる」（2008年12月20日，産経新聞）。
　日本では高度経済成長時代に，大都市部への人口集中が進行した。世帯構成は多世代同居型から核家族型にシフトし，大都市部では借家住まいやマンション居住が急増した。
　このような社会環境の変化に伴い，高齢者を取り巻く環境も大きく変わった。単身高齢者世帯や高齢者夫婦世帯が増加するとともに，近

隣意識や地域社会とのつながりが弱まり,社会から「孤立」する世帯も増え続けている。

　(独)都市再生機構は,同機構が運営管理する賃貸住宅約77万戸(1811団地)において,単身の居住者が誰にも看取られることなく賃貸住宅内で死亡したケース(自殺や他殺を除く)を孤立死として集計した。平成11年度の発生件数207人が19年度には589人と,8年間で約2.8倍に増加した。なお,発生件数の68％が65歳以上の高齢者であった。

　こうした「孤立死」を社会問題として捉え,厚生労働省では,平成19年度には1億7千万円を予算とした「孤立死防止推進事業」を創設するとともに,関係省庁と共同して「高齢者等が一人でも安心して暮らせるコミュニティづくり推進会議(「孤立死」ゼロを目指して)」を設け,「人の尊厳を傷つけるような悲惨な孤立死が発生しないよう,各地域の実情に応じてコミュニティを活性化する必要がある」旨の提言を行っている。また,いくつかの自治体でも孤立死防止対策の推進のための取組支援がスタートし,住民も参加した取組が広がりつつある。

　今後,一人暮らし高齢者が増加する中で,高齢者が「孤独」に陥らないためには,孤立死が起こる前に発見するコミュニティづくりや,地域の実情に応じた様々なツールや見守りシステムを活用したネットワークづくりなどの地域での取組を進めることが重要である。

すなわち,21世紀に入って急増する孤立死の原因として,第1に,高度経済成長時代からの大きな社会変化(大都市部への人口集中,多世代同居型から核家族型への世帯構成のシフト,大都市部における借家住まいやマンション居住の急増)を,第2にその高度成長を支えた勤労者が退職して,高齢者夫婦だけ,あるいは高齢者単身世帯として暮らす人びとが都市部で急増したことをあげている。

次に厚生労働省のホームページで,コラムで紹介された「高齢者

等が一人でも安心して暮らせるコミュニティづくり推進会議（「孤立死」ゼロを目指して）」の報告書を読んでみると，別の問題点も浮かび上がってきた。この報告書の冒頭に「孤立死」の最近の事例としてあげられている9例のうちで，具体的に年齢が記述されるのは，第1に59歳男性の白骨死体（死後3年），第2に50歳男性（死後4ヵ月），第3に56歳男性（死後4ヵ月），第4に69歳男性と62歳女性の夫婦，第5に78歳女性（母）と49歳女性（長女）の5例であった。

上に引用したコラムでも，団地における孤立死の68％が65歳以上の高齢者であったというデータが指摘されるが，逆からみれば，約3分の1は65歳未満の非高齢者となる。ここであげられた5例のなかでも3例が50歳代の男性である。

この問題について答えてくれるのが，NHKスペシャル取材班＆佐々木とく子（2007）『ひとり誰にも看取られず』である。

この本は，「孤独死は高齢者だけの問題では」なく，「40代から60代前半までの，まだまだ働き盛りといってもよい年代の男性」にも増えており，「しかも，そうした男性たちは，社会や家族とのつながりを失って世間と隔絶した状態になっており，亡くなったあと数ヵ月間も遺体が発見されない例も，一再ならずある」という事実に驚き，「こうした若年孤独死が起きる背景には，格差や雇用，年金など，現代社会が抱える問題が凝縮されているに違いない」という問題意識をもって書かれている（17頁）。

この取材班の問題意識を，本書『グローバル化と福祉国家と地域』の全体の構図，すなわちマクロ的な経済状況と労働編成の大きな変化の構図の上において解釈すると次のようにいえよう。

すなわち，中国等の台頭にみられる近年の地球規模の経済構造の大きな変動のなかで，日本経済も大きく変化することが強いられる。20世紀の日本型福祉国家では，日本の経済社会全体が右肩上がりの成長基調にあったので，個人ベースでも，終身雇用や年功賃金のシステムのなかで比較的安定した生活が可能になっていた。しかし，グローバル化のなかで日本経済の空洞化が進むと，産業構造の変化にともなって労働編成も流動的に調整される必要が生じ，50歳以上の中高年が柔軟に対応できず，正規雇用からはじき出され，さらには非正規雇用のなかでも悪条件の職種に押しやられ，ついには失業に至るというケースも多くなり，こういう社会的背景のなかで孤独死が増加したのである。

　この本のもう一つの興味深い問題提起として，以下の記述があった（17～18頁）。

　　孤独死の全体像をつかもうとしても，どこにもデータがないのだ。警察，区・市役所，福祉事務所などの公的機関に問い合わせても，孤独死の実態を詳しく把握しているところはない。
　　そんな折に偶然たどり着いたのが，千葉県松戸市の常盤平団地だった。そこで初めて，記者は孤独死の問題に取り組んでいる住民たちの姿を見た。ほとんどの団地が目をそむけている中で，少しずつではあっても真正面から孤独死に向き合おうとしている人々の姿は，大きな驚きだった。

　すなわち，21世紀の新しい世界状況に整合するべく国内の経済社会を再編することが，日本に突きつけられており，それが若年孤独死に象徴的にあらわれているが，日本の政府部門は，それに対応する準備ができていないのである。若年孤独死を防ぐには，上のコラムにあるように，団地自治会等による見守り訪問，安否確認の電

2 介護殺人と家族

2009年9月30日の朝日新聞に「老老介護殺人地裁有罪判決 84歳執行猶予に」という記事があった。*

　84歳の夫が,「介護疲れから寝たきりの妻（当時82歳）を殺した」という事件であるが,判決は懲役3年執行猶予5年（求刑懲役5年）であり,「結果は重大だが,老老介護の施策や施設が十分であるとは言い難く,被告に相当に酌むべき事情がある」という判断であった。検察側は「動機は身勝手で安易」と主張する一方,「高齢で病気を患うなど酌量の余地もある」と,殺人罪の法定刑では最も軽い懲役5年を求刑したのに対して,弁護側は「老老介護の悲惨さが被告を追いつめた。責任の一端は社会にもあり,同情すべきだ」と執行猶予付きの判決を求めたが,結果的には弁護側の主張が認められたようである。

以上の記事に続いて記事執筆者の棟形祐水氏は以下のように続けている。

　公判では,自ら病気を患いながら1人で妻を介護する被告の姿と「老老介護」の悲惨さが浮き彫りになった。貯金を少しずつ取り崩す年金生活で経済的不安も抱えていた。検察側は「家族や行政に助けを求めるなどの手段があったから,犯行の動機は身勝手で安易だ」と主張したが,判決はその点についても,「家族にも病気や仕事などの事情があったから助けが得られるとは限らない」,さらに「老老介護に関しては,精神面でも経済面でも介護者の不安を払拭できる施設や施策が十分にあるとまでは言い難い」と行政面の不備にも言及した。傍聴席からすすり泣きが聞かれるなど,法廷全体が同情ムードだった裁判。温情判決に異議を唱える者はほとんどいないだろう。そして裁判

---

*朝日新聞の速報ネットの「マイタウン」: http://mytown.asahi.com/yamagata/news.php?k_id
=06000000909300003

は「老老介護」問題をどう解決するのか,社会全体に重い宿題を突きつけた。

上述のように高齢者世帯の全体数が増加するなかで,高齢者の独り暮らしや夫婦だけの世帯の比重が増加している。独り暮らしの場合が前項の孤独死につながり,夫婦だけの世帯が介護殺人につながる。上の引用にある「老老介護」とは,高齢者夫婦の世帯でどちらかが要介護の状態に陥る場合である。それ以外にも,父親の死後に母親の介護を引き受けていた独身の子どもによる無理心中事件や,息子夫婦も含めて親族が多くいるなかで長男の嫁に負担が集中したことからの介護殺人事件等,さまざまなケースがある。*

ところで上記の朝日新聞の最後に棟形氏が,「老老介護」問題をどう解決するのか,社会全体に重い宿題を突きつけたというが,その反面,人口高齢化とグローバル化のなかで福祉国家には抑制圧力がかかっており,租税や社会保険料で賄う政府部門の施策には限界がある。老老介護や介護殺人事件や孤独死の問題は,時間の経過とともにますます増加してしまう危険がある。

このような21世紀の福祉国家をめぐる「袋小路」を考える際に,小説『蕨野行』が重要なインプリケーションを与えてくれる。

0.5 小説『蕨野行』と分権的「小さな政府」と地域コミュニティ

小説『蕨野行』の舞台は江戸時代の押伏という農村であり,主人公は60歳の老婆である。その里にある年寄りの約定は,長年の「田仕事の努めようやく終えて,時疫,齢の障りも無事に乗り越え

---

*加藤悦子(2005)はさまざまな介護事件について,裁判記録を分析して,その事件特有の個別要因とともに,介護殺人をもたらす社会的な要因を検討する力作である。

て六十の齢」を迎えると、「ジジババ等」は「少々の着替え、木椀、夜具など背負いて」、「里より半里の、神代川の源流をたどるワラビ野の丘」にある「年寄りの小屋」で暮らすことである。

これは一種の「姥捨て」の仕組みである。ワラビ野には食い物がなく、年寄りは「晴れた日も雨の日も一日も欠かさず」、「里に下りて村の仕事を手伝い、その日の飯の恵みを」受けるのである。「一日休めば、一日飢える」のであり、「数年に一度来る凶作はどのようにも免れずば、若え者、小児の糧をばワラビのジジババの命と替え」ることはあってはならず、この押伏村の姥捨てシステムは「昔からの押伏の知恵」であると、主人公の老婆は説明する。

> ワラビは乞食ならずよい。一日の仕事と引き替えに、一日の糧をもらうやち。年寄りてもただの飯を食わず。身が動けずとなるときまで、我が口を養なうはわが手足なるよい。

すなわち、ジジババが自立的に生産活動に参加して、その報酬として食料を獲得するのである。

当時の農業は天候に大いに左右され、飢饉の年には、村落共同体の秩序やルールを通して、厳しい資源分配のあり方が選択された。資源に余裕のある年には、ワラビ野のジジババに対しても最低必要限の食料が供給され、老人も生き延びる可能性があった。しかし飢饉の年にはまずワラビ野に対する配分が真っ先に削減され、「若え者、小児の糧」が確保された。

> （里の側の意見：引用者）：この秋の収穫の落ち込みは必定。凶作となれば我が家の内の食い分も不足せるに、ワラビの腹までも養い難し。無残と思うなるが今の間に秋冬の備えも始めねばならず、……ワラビの仕事納めの日をきめるなるよ。

(ワラビ野側の意見：引用者)：畑の不作も進みたれば，日延べも難し。秋，冬を越える手立ても薄きならば，里の者の命を取るか，ワラビの命を取るか。自明の理なり。このためにこそ，ワラビ野は有てよい。……毎日里に下りて働けば，田畑のあり様は手に取りて見える。また村の者のささやく声もひそかに耳に入るやち。「今年の秋冬に生まれたる赤子は，みな間引くべし」という者も有りたる。そして，「赤子を殺して，ワラビは助けなるか」と言えるよい。

しかし自立的な生産者でもあるワラビたちは，里の側からの食糧供給が途絶えた後，以下のように生きるのである。

里の仕事納めを迎え，ワラビ野を閉じられたのちの，ジジババの余命をつなぐ策はたちたり。百人の里人の腹を養なうは難しく，十人のワラビの露命つなぐも厳しきものなるが，八人のワラビの糊口を凌ぐ術はなからんや。

里の側において「赤子の間引き」まで必要とする飢饉のときに，年寄りのワラビ野は，食料の供給が断たれることを当然のように受け入れ，自分たちの稼ぎで生きられるところまで生きようというのである。

そしていよいよ主人公が飢え死にした時に，長男の嫁の身ごもる孫に生まれ変わるという結末に至り，多くの読者は号泣することになると同時に，押伏村の残酷な姥捨システムである「蕨野」の仕組みが，親から子ども，子孫に受け継がれる命のつながりによって正当性を与えられることを暗示する。

少し飛躍して，この小説『蕨野行』の話と，21世紀にベビーブーム世代が再建すべき地域コミュニティを結びつけて，考えてみよう。

周知のように，21世紀にはグローバル化のいっそうの進展によ

る国際競争の厳しさと，人口構成の超高齢化の二つの基本要因に規定される福祉国家に対する逆風が加速度的に強まるが，その文脈のなかで分権化の動きも理解すべきである。

それは，「人間回復のための分権化」である。分権化は，20世紀的な右肩上がりの成長経済がもたらす豊かな税収のぶんどりのためではなく，その成長経済のなかで喪失した人間性の回復のために主張されるべきである。自立と自律と自己責任である。国（中央政府）と都道府県及び市町村（地方政府）の間の権限のやり取りという政府間関係よりも，地方政府の側で権限を獲得するときに最大の根拠となる住民自治を，それぞれの現場の地域からの主体性を基礎として回復することである。

上の退職世代の議論と結びつければ，退職後の地域住民として，自立と自律と自己責任の「小さな政府」を背負っていくのが，世代全体としての使命であり，それは，地域の自立的なコミュニティを再建して，それを基盤とする力強い地方分権の社会システムが確立されるべきであろう。小説『蕨野行』における主人公たちの自立的なワラビとしての生き方が実に潔く，またその潔い生き方が，地域コミュニティの存続を願うジジババの人間的な温かさを秘めているところが，たまらないほどに愛おしい思いを抱かせるのである。

> 「ワラビとなりて人の世を捨てたのも，わが子，我が孫だちに腹干させまいとおもうゆえなり。孫と子が飢えなば，野入りの甲斐も無えか。」

このように「里の子や孫」が生き残ってくれという願いを込めながら，蕨野におけるワラビたちの自立的なコミュニティが運営されるが，それは，やがて来る冬に自らも死んでいくための自立的な自

助の蕨野コミュニティである。

　夕方，馬吉と甚五郎はワナ仕掛けを終り，帰りきたる。前日のワナの獲物の山鳥一羽が，二人の一日の収穫なり。馬吉は山鳥の羽根をむしり，おれは火の用意をせる。トセとモヨイはヒエにマユミの葉を混ぜて粥を作る。甚五郎が山鳥を焼くあいだに，馬吉は小屋にカゴをもどしに帰り，新しい草履に気づいた。火を燃やすおれを振り返り，黙って微笑せる。

0.6　本書の構成

　以上みてきた21世紀初めの大転換の時期に福祉国家も大きな再編を迫られているという問題意識から，本書の構成を述べておきたい。

　第1章「グローバル化と地域経済」（樋口均）では，第1に地球規模で急速に進行する経済・政治・社会の一体化であるグローバル化が日本に及ぼすインパクトとして，製造業の東アジア諸国への流出による産業の空洞化を検討する。そして第2に，グローバル化の重要な側面として，展開された国際協調的な経済政策の一環として日本の内需拡大が求められて，いわゆる「土建国家」（公共事業を通して景気浮揚とともに非大都市圏への所得再分配を強める政策）が拡大されたことも指摘される。

　しかし第3に21世紀に入って，グローバル化による産業空洞化が深刻に進むなかで，非大都市圏が依存する「土建国家」も財政赤字の制約から縮小され，非大都市圏の地域経済は構造変化を模索するようになり，その事例として，環境・医療・福祉やハイテク産業の育成を目指す「長野モデル」が取り上げられる。

　第2章「過疎自治体と原子力発電所」（塚谷文武）は，非大都市

圏の過疎地である福井県美浜町を取り上げて,国のエネルギー政策としての「原子力発電所を受け入れるリスクの代償として国及び県からの財政移転」を分析して,美浜町の財政や経済の外部への依存体質は形成されたことを明らかにする。第1に日本の原子力発電が,アメリカの核平和利用というグローバルな政策の受け入れであり,その国の政策を福井県及び美浜町が利用して,過疎地の経済発展の軸としようとした。第2にそのグローバルなエネルギー戦略の政策手段として電源三法交付金制度等があり,それが道路や教育施設等の社会資本整備に活用された。その反面,第3にそれらの大規模な財政移転や社会資本整備にもかかわらず,新たな地場産業の育成による雇用創出の面で大きな効果はなく,過疎問題は解消されないという厳しい現実があった。

第3章「日本型福祉国家」(渋谷博史)では,第1に20世紀に構築された日本の福祉国家を検討して,長期的な経済成長による「豊かな社会」のなかで年金・医療・介護の社会保険を主たる分野とする社会保障システムが,世代間及び地域間の所得再分配のメカニズムとして機能したことを,そして第2に,21世紀のグローバル化による経済余力の低下と,人口高齢化による福祉需要の膨張という二つの制約条件に,効率化・合理化の方向での再編が模索されることを明らかにしている。

第4章「日本の社会保険と地域」(櫻井潤)は,第3章で述べた効率化と合理化について,高齢社会で財政的な困難が強まることが予想される医療保険と介護保険の分野を取り上げて,具体的に検討する。第1に,人口高齢化傾向のもとで75歳以上の後期高齢者に比重が増加して人口高齢化が深化すると,医療保険の分野では一人

当たりの単価が高い被保険者が増加し，介護保険でも介護サービスの需要が増大する。第2に現役世代の負担力，あるいは日本経済全体の経済力を疲弊させないための改革と再編が模索されており，それが国の集権的な管理運営システムから分権的な方向への転換を並行して実施されようとしている。

第5章「国民皆保険システムのほころび」（長谷川千春）では，日本の医療保障システムを支える社会保険と，そこから落ちこぼれる人びとへのセフティネットである医療扶助（生活保護の一環）のはざまに存在する「無保険者」問題に焦点を当てる。失業者に限らず，非正規雇用の増加によって，社会保険料の拠出が困難になって「無保険者」になるというアメリカに多くみられる現象（アメリカの場合には民間保険料）が，日本でも拡大しているという重要な指摘であり，21世紀のグローバル化のもとで拡大する経済格差の象徴的な現象といえよう。

第6章「自治体病院と地方財政」（吉弘憲介）では，診療報酬制度の改定や医師の偏在という要因から収益を悪化させている自治体病院について，中国地方の事例を取り上げて具体的に検討する。鳥取県の日南病院では，過疎化と高齢化という条件下で地域社会の維持・再生策の重要な一環とすべく，自治体病院の経営に積極的に租税資金が投入される。20世紀の土建国家型の租税資金の投入から21世紀の福祉国家的なあり方への転換を予感させる事例と意義づけている。

上にみた各章の論理的な関連は以下のごとくである。第1章「グローバル化と地域経済」で提示するグローバル化の国際環境のなかで進行する日本経済の空洞化を背景にして，第2章「過疎自治体と

原子力発電所」でみる過疎地における厳しい現実や，第 5 章「国民皆保険システムのほころび」にある展望を失いそうになる格差社会があらわれる 21 世紀における市場論理の強まる現状に対して，第 3 章「日本型福祉国家」，第 4 章「日本の社会保険と地域」，第 6 章「自治体病院と地方財政」でみるように，日本の人間社会を防衛する福祉国家システムの再編が進められる。第 3 章および第 4 章では「福祉国家のスリム化という守り」のパターンを，第 6 章では「地域病院を拠点とする地域再建という攻め」のパターン型を示している。

　グローバル化のなかで日本の中軸産業の空洞化が深刻になるという状況下で，少子高齢化への対応や過疎地の再生という難問題を，日本社会全体でいかに受け止めるべきか。

　一つの方向として，序章で取り上げた小説『蕨野行』にあるように，ベビーブーム世代等の高齢世代が自立的で分権的な「小さな政府」を構築して，福祉国家の効率化と合理化を進めるとともに，他方で現役世代は，グローバル化で大転換を迫られる日本の産業や企業の再編に追いつく技能の習得が必要であろう。そのための経済社会や福祉国家の再編を真剣に考えるために，本書が活用されることを切望する。
　　　　　　　　　　　　　　　　　　　　　　　　（渋谷博史）

参考文献

NHK スペシャル取材班＆佐々木とく子（2007）『ひとり誰にも看取られず』阪急コミュニケーションズ

大野晃（2008）『限界集落と地域再生』高知新聞社

梶井照陰（2008）『限界集落』フォイル

加藤悦子（2005）『介護殺人』クレス出版

高齢者等が一人でも安心して暮らせるコミュニティづくり推進会議(「孤立死」ゼロを目指して)(2008)『高齢者等が一人でも安心して暮らせるコミュニティづくり推進会議(「孤立死」ゼロを目指して)報告書』
厚生労働省(2008)『平成20年版 厚生労働白書』
渋谷博史編(2008)『日本の福祉国家財政』学文社
渋谷博史編(2009)『アメリカ・モデルとグローバル化Ⅰ』昭和堂
渋谷博史・櫻井潤・塚谷文武(2009)『福祉国家と地域と高齢化』学文社
内閣府(2009)『平成21年版 高齢社会白書』
中沢卓実・結城康博(2008)『孤独死ゼロ作戦』本の泉社

第1章　グローバル化と地域経済

　グローバル化（＝グローバリゼーション）は，地域経済にどのようなインパクト（影響）をあたえてきたのか。これが，この章の課題である。もちろん，一口に地域経済といっても一様ではない。都市部や農村部，あるいは工業地域や商業地域や農業地域など，それぞれにその特性は異なり，グローバル化のインパクトもそれぞれに異なるといわなければならない。そのインパクトは多面的であるが，ここでは，いわゆる産業空洞化といわゆる土建国家の解体とをとりあげて，この二側面から生じた，地方における「シャッター通り」の増大に象徴される，地域経済の衰退や疲弊という現象に光をあててみたい。

1.1　産業空洞化

　グローバル化とはなにか。一般にそれは，国境を越えるモノ，カネ，ヒト，情報の飛躍的増大によって，国境によって分断されてきた世界が一つになること（一体化すること）だとされている。たとえば，内閣府は，「グローバル化とは，資本や労働力の国境を超えた移動が活発化するとともに，貿易を通じた商品・サービスの取引や，海外への投資が増大することによって世界における経済的な結びつきが深まることを意味する」（『経済財政白書』2004年版）ととらえている。

こうした国境を越えるモノ，カネ，ヒト，情報が増大するといった量的なグローバル化の背後には，それを促進する質的な面がある。それは，IT革命や交通の発達，貿易・国際資本移動・国際労働力移動に対する規制緩和，さらにその背後にある，アメリカの戦略的かつ新自由主義的な国際経済政策，それを受けた各国の同調的な政策，東アジア経済圏の台頭，冷戦体制の崩壊と旧社会主義圏の市場経済への移行など，一言でいえば1980年代以降における世界経済の構造変化と政策変化にほかならない。そうしたなかで，日本経済のグローバル化が進展し，産業空洞化という現象も生じてきたのである。

　そこでまず，日本経済のグローバル化の実態をみておこう。それは，貿易開放度（〈財の輸出金額＋財の輸入金額〉／名目GDP）や対外投資促進度（〈対外証券投資累積額＋対外直接投資累積額〉／名目GDP）でみて，ヨーロッパ諸国やアメリカ，とくに前者と比べると緩やかではあるが（『経済財政白書』2004年版），過去と比べれば，急速に進展してきている。

　たとえば，貿易開放度（貿易依存度）は，石油価格高騰により1970年代後半から1980年代前半には20％台に高まったが，その後低下し，1995年には13.6％であった。しかし，その後上昇し2000年には17.2％，2008年には30.3％（輸出依存度15.6％，輸入依存度14.7％）と，2000年代に急上昇している（『経済財政白書』各年版より算出）。

　こうした貿易開放度の上昇の主因は，アジアとの貿易関係の拡大である。そして，このアジアとの貿易関係の拡大は，ASEANや中国の経済的台頭を反映したものであり，先発のNIEs 3（韓国，台湾，

香港)とあわせて，東アジアとの貿易関係の拡大が中心である。輸出入をあわせると，アジアが1988年以降アメリカを上回る貿易相手国となり，輸入については2002年に中国が単独でアメリカを上回る相手国となった(『経済財政白書』2004年版)。貿易面における日本のグローバル化は，このように東アジアとの関係拡大において進展したのである。

そしてこの東アジアとの貿易関係拡大の背後には，日本産業の東アジアへの——ことに中国への——進出(生産移転)という事態があるのであって，これが日本における産業空洞化の主因にほかならない。日本の製造業の対外直接投資は，図表1.1のように，1985年

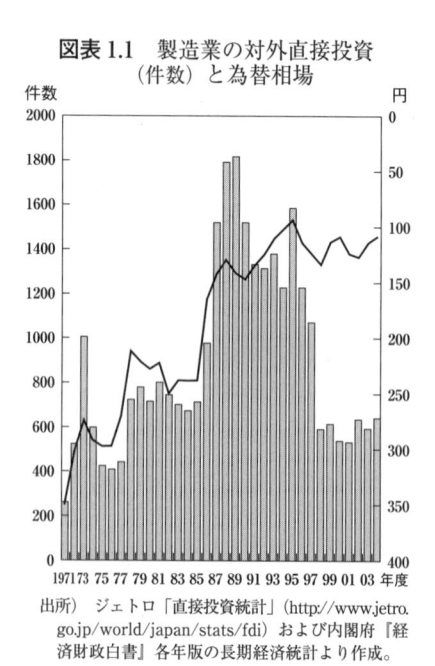

図表1.1 製造業の対外直接投資(件数)と為替相場

出所) ジェトロ「直接投資統計」(http://www.jetro.go.jp/world/japan/stats/fdi)および内閣府『経済財政白書』各年版の長期経済統計より作成。

のプラザ合意以降の円高下において増大し，バブル崩壊後減少するが，もとの水準に戻らず，1997年のアジア通貨危機まで再び増大，1998年度に大幅減少，2002年度以降増加傾向にある。

プラザ合意以降の急増は，貿易摩擦対応型の対米欧投資とともに，円高対応型の対東アジア投資が増大したことによる。1990年代には，1993年から1995年にかけての超円高期（1995年4月19日一時79円75銭）に始まった対東アジア投資が1997年度まで高水準で推移した。2000年度以降は対中国投資が増大した。いずれも企業が，グローバル競争の圧力のもとで，高コストの日本から低コストの東アジアへ生産移転をおこなったことを意味する。

そしてそれは東アジアにおける国際分業関係の再編成を意味した。その背後にはIT革命がある。IT革命は，生産のモジュール化をもたらした。モジュール化とは，複雑な製品をより小さな単位（モジュール）に分解して，それぞれ独立的に設計・生産し，そのインターフェイス（接続）を規格化して，部品の製造と組立を簡単化することである。その典型は，コンピュータ産業であり，それぞれの企業は半導体集積回路やディスプレイなど特定のモジュールに特化することによって，柔軟な生産と規模の経済が可能となった。各モジュールは，それぞれそれに特化した企業や国で生産される。それは工程間国際分業であり，発展途上国は労働集約的なモジュール，先進国は技術集約的なモジュールを，それぞれ生産するわけである（『経済財政白書』2002年版）。

経済産業省の分析によれば，日本やNIEsが生産した部品や加工品を中国やASEANが中間財（他の生産物の生産のために使用される生産物）として輸入し，組み立てた製品を最終消費地であるアメリ

カや EU へ輸出する構図が成立している。それは生産，組立，消費の場所がそれぞれ異なるのであり，その間の「三角貿易」である。また日本企業のグローバルな調達先が中国や ASEAN に収斂し，その製品が所得の高い米欧市場へ輸出されるという「逆三角貿易」の存在も指摘されている（『通商白書』2005年版）。日本産業の東アジアへの生産移転は，こうした東アジアおよび世界の国際分業関係の拡大再編成の一つの梃子の役割を果たしてきたのである。

　生産の海外移転の結果，日本産業のグローバル化が進展したのであり，製造業の海外生産比率（現地法人企業売上高／〈現地法人売上高＋国内法人売上高〉）は，1998年度の11.6％から2007年度には19.1％となった。うち輸送機械は 23.5 → 42.0％，電気機械は 17.2 → 32.2％（情報通信機械）といちじるしい上昇である。また海外設備投資比率（現地法人設備投資額／〈現地法人設備投資額＋国内法人設備投資額〉）は，1998年度の15.8％から2007年度の19.5％へ高まった（経済産業省「海外事業活動基本調査」2007年実績）。法人設備投資の2割が海外でおこなわれるにいたっている。

　こうした日本産業のグローバル化は，一般に日本の国内経済に次のようなインパクトを及ぼす。すなわち，輸出代替効果，逆輸入効果，輸出誘発効果，である。輸出代替効果とは，現地生産された製品が，現地市場や第三国市場へ輸出されることによって，それら市場への日本からの輸出が代替されることであり，逆輸入効果とは，現地生産された製品が日本に輸入されるという効果である。いずれも日本の国内生産が現地生産によって代替される。生産の海外移転によって生じるとされる産業の空洞化とは，このことである。一方，輸出誘発効果とは，現地の生産活動によって，それに必要な資本財

(機械等)や中間財(部品等)が,日本から輸出されるという効果である。たとえば,電機機械の組立生産が現地化されると,そこへ,現地調達できない高付加価値の電子部品が,日本から輸出されるといった効果である。この効果は,いうまでもなく輸出代替効果や逆輸入効果を打ち消すものであり,一国全体(マクロ)でみれば,産業空洞化を阻止する効果があるが,それほど大きくない場合には産業空洞化が生じていることになる。

産業空洞化懸念が高まったのは,プラザ合意後の1980年代後半であるが,2000年後半以降再び高まっている。『経済財政白書』(2002年版)は,その背景として,「中国からの輸入急増」「貿易・サービス収支の黒字縮小」「産業構造のサービス化」をあげて,それぞれ分析している。中国からのIT関連財の輸入急増にのみふれておけば,それはモジュール化を背景とした工程間分業によるものであり,中国は相対的に労働集約的な工程をおこなっており,そのための中間財や資本財は日本の輸出によるところが多い,したがって,中国からの輸入増加にともなって,日本の輸出も増加する関係にある。輸出誘発効果である。しかし,中国の経済発展は急速であり,国際分業構造は大きく変わりつつあり,日本はその変化に速やかに対応できる経済構造を早急に確立する必要がある,と指摘している。

一方,産業空洞化の現実分析(宮嵜[2003a][2003b])によれば,プラザ合意以降の日本産業の東アジアでの生産活動は,1993〜95年の超円高期を契機に質的に転換した。それまでの日本産業の活動はNIEsやASEANが中心であり,そこでの生産は,その地域におけるサポーティング・インダストリー(裾野産業=部品・部材等の中

間財産業)が未成熟だったため,日本からの資本財や中間財の輸出が増大し,産業の空洞化をもたらすものではなかった。しかし,超円高期を契機に,高付加価値品の生産移転,製品逆輸入や部品現地調達の増大,設計・開発の現地化始動,仕向先の現地・本国・第三国のバランス化,対中国直接投資の増大,および日本型生産システムの現地移植や部品メーカーの生産移転が進展し,生産の海外移転後の日本国内における穴埋め生産が順調に進まなくなり,輸出誘発効果を輸出代替効果および逆輸入効果が上回るようになった。また逆輸入効果は価格破壊をともないつつ進展している。こうして産業の東アジアへの生産移転は,日本国内の生産や雇用にマイナスのインパクトをあたえており,産業の空洞化をもたらしている。ことに地域経済の雇用が悪化している。

マクロ(一国全体)でみると,産業空洞化は生じていないという説もあるが,ミクロ(地域)でみると,輸出に依存する「企業城下町」や産業集積において,あきらかに産業空洞化がみられる。第3節で長野県における産業空洞化の事例をみてみよう。

1.2 土建国家の解体

生産の海外移転とともに,土建国家の解体が,地域経済に大きなインパクトをあたえて地方衰退や疲弊をひき起こしてきたが,そもそも土建国家は,日本経済の国際化やグローバル化と一体どのような関係があるのだろうか,一見関係がないようにみえるが,そうではない。このことから始めよう。

一国経済の国際関係は,その国の世界経済におけるポジション(地位)によって規定される。そのポジションは歴史的に変化する。

日本は，第2次大戦の破壊によって，戦後占領下において一小国として再出発せざるをえなかったのであるが，その後の国際的に突出した高度経済成長によって，国民総生産（GNP）の規模が1968年に，自由世界（社会主義圏を除く世界）で，アメリカに次いで第2位となった。このころから，日本産業の国際競争力の強化にもとづき，貿易収支の黒字が拡大し，世界との間で，とくに産業的劣勢に陥ったアメリカとの間で，さまざまな摩擦が生じるようになった。ポジションが変わったのである。それは，いわば台頭する日本と衰退するアメリカの衝突であった。そして1980年代後半から1990年代初めごろには，アメリカの衰退とパクス・ジャポニカの到来を予測するアメリカの有力な学者もいた。

こうしたなかで，アメリカは，産業的劣勢を挽回し貿易赤字を削減するために，二国間交渉をつうじ，あるいは先進国サミットやG5（主要5ヵ国蔵相会議），G7（主要7ヵ国蔵相・中央銀行総裁会議）などをつうじ，西ヨーロッパ諸国とも協調しながら，日本に対して，そのポジションにふさわしい「応分の負担」を求めて，強い圧力をかけていくこととなった。このいわゆる外圧の要求は，具体的には三つであり，為替調整（円切上げ），市場開放，世界政策経費（防衛やODA〈政府開発援助〉）分担であった。これらは広い意味で世界体制維持コストのバードン・シェアリング（分担）の要求にほかならない（樋口［1999］［2001］）。

これに対して，日本は，為替調整（輸出が不利になる円高方向への調整）に応じ，市場開放にも段階的に応じてきたが，防衛分担には憲法上の制約（第9条）があり，消極的とならざるをえず，ODAの増額をもって代替してきた。近年，防衛分担の面でも，自衛隊の

イラク派兵など新たな展開がみられる。

　ところで，日本の対応において，積極的だったのは，内需拡大のためのケインズ的なフィスカル・ポリシー（景気刺激的財政政策）である。国内需要を刺激して好景気にし，それでもって輸出を抑制し輸入を拡大する，そうして貿易黒字を縮小するという政策である。この政策は，1971年のニクソン・ショック後に始まるが，1970年代後半以降は，繰り返し国際的な政策協調の一環として展開されてきた。そしてその際，内需を刺激する手段として，公共事業への財政支出拡大策が重用されてきた。これが「公共事業複合体」としての，いわゆる土建国家を日本の政治経済社会にビルトインすることとなり，また，その土建国家が，国内景気対策を求める内圧や内需

コラム1　土建国家

　土建国家という言葉は，ジェラルド・カーティス／石川真澄『土建国家ニッポン――「世界の優等生」の強みと弱み』（光文社，1983年）に由来するといってよいであろう。同書で石川は，「土建と政治の関係が強化され，『土建国家』という様相を呈してきたのは，この10年ぐらい」だといっているが，それはほぼ田中角栄政権の成立（1972年）ごろからということにほかならない。そして土建問題は，実は農業問題でもある，建設業に従事する労働者は農民である，昔はその仕事は出稼ぎだった，いまは地元に公共事業が来るから土木作業員として働くことができる，地元では公共事業によるハコ物というよりも，それによる雇用と賃金がありがたいのである，と指摘している。カーティスは，公共事業を中心とした田舎への補助金制度が，都市と農村の所得格差を縮めたこと，高成長の恩恵をうける都市部から税金をとり，それをいろいろなかたちで遅れた地方へ渡してきたことに注目している。都市部と農村部の間の地域間所得再分配である。そういう意味で土建国家は，日本型福祉国家としての一面をもっていたのである。

拡大を求める外圧が高まるたびに,公共事業を要求することとなったのである。

いま経常収支の動きと,公共事業をあらわす公的固定資本形成伸び率の動きとの相関をみた図表1.2をみてみよう。1970年代以降,経常収支の黒字(主に貿易収支の黒字)が拡大するたびに,公共事業の伸び率が上昇しており,公共事業が増額されてきたことがわかる。1971～72年,1977～78年,1986～87年,1992～95年,1998～99年がそれである(例外は1982～85年)。

1971～72年は,ニクソン・ショック*後の時期であり,田中角栄首相が日本列島改造論を提唱し,国内景気対策と貿易黒字減らしのため,公共事業中心の総需要拡大政策をとった。1977～78年は,石油危機後の世界不況のもとでアメリカ,日本,西ドイツが機関車

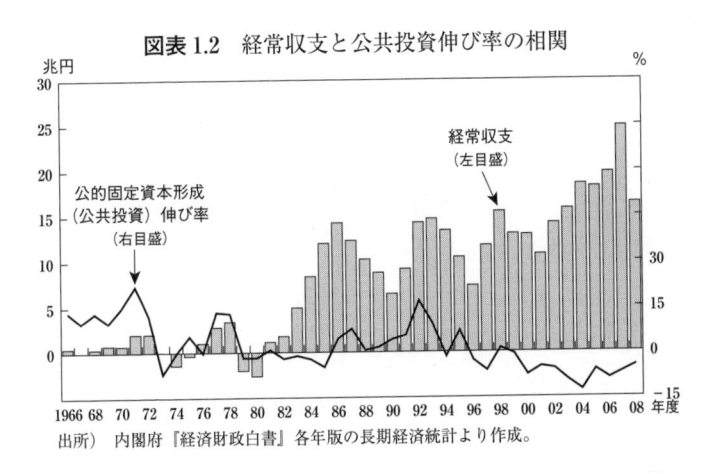

図表1.2 経常収支と公共投資伸び率の相関

出所) 内閣府『経済財政白書』各年版の長期経済統計より作成。

---
*ニクソン・ショックとは,1971年8月のニクソン米大統領によるドル・金交換停止措置(IMF固定相場制崩壊)が日本に与えたショックのことであり,その背景にはアメリカの貿易赤字拡大と日本の貿易黒字拡大の衝突があった。そして日本は円切上げ圧力の高まりに直面したのである。

役として内需拡大策を共同してとり，世界不況からの脱出が図られたのであり，その一環として日本は公共事業を拡大した。

1986〜87年は，1985年プラザ合意*後の時期で基軸国アメリカが債務国に転落し世界経済が不安定化したので，その安定策としてのG5プラザ合意の一環として，日本は円高と内需拡大を求められ，公共事業の拡大をはかった。1992〜95年には，日本の経常収支黒字が突出し，世界経済安定の観点から，その縮小のための内需拡大策がG7などで求められ，公共事業が減税とともに拡大された。

1998〜99年は，1997年アジア通貨危機のあとアジア経済の安定，ひいては世界経済の安定のため，再び日本に内需拡大が国際的に求められ，小渕・森両政権のもとで，記録的な財政赤字拡大にもかかわらず，公共事業が増額された。このように1970年代以降繰り返し生じた外圧5波に応じて，内需拡大のため公共事業の拡大が5回繰り返されてきたのである。

そればかりではない。日米貿易不均衡問題の解決をはかるために1989年から1990年にかけておこなわれた日米構造協議を受けて，日本は430兆円にのぼる公共投資基本計画（1991〜2000年度）を策定，さらに1994年には「対外経済改革要綱」の一環として，これを見直し，630兆円にのぼる新公共投資基本計画（1995〜2004年度）を策定した。公共事業の拡大が，外国の圧力によって，いわば制度化されるという異例の事態であった。

公共事業複合体とは，「建設省，農水省，運輸省などが県庁所在

---

*プラザ合意とは，アメリカが債務国（対外債務〈借り〉が対外債権〈貸し〉を上回る状態）へ転落し，世界経済が不安定化したのを受けて，これに対処するため，1985年ニューヨークのプラザホテルで開かれたG5（先進5ヵ国蔵相会議：米，英，仏，西独，日）での国際政策協調合意のことであり，日本は，円高と内需拡大を求められ，実行した。

地はもちろん，全国各地に局，支所，事業所など出先機関を張りめぐらし，県庁から市町村まで公共事業の実施部門が肥大化し，それをめぐって，巨大ゼネコンから，従業員が数人という村の小規模な建設会社まで52万社が張りつき，永田町には『族議員』が跋扈し，地方議会では公共事業の争奪が日常茶飯事なってしまった」（五十嵐・小川 [1997]）という一つのシステムである。建設業就業者は，1965年330万人，1975年480万人，1985年530万人と増大し，一方，農林業就業者は，1965年840万人，1975年620万人，1985年460万人と減少したので（『経済要覧』2004年版），1970年代中に前者が後者を上回るにいたった。自民党長期政権は，政権維持のため，票田を農林業から土木建設業へと広げざるをえなかったのである。

　土建国家とは，①公的固定資本形成（道路，港湾，住宅，治山，治水等）の政府部門および国民経済に占める比重が他の先進国に比べて大きい，②その地域的配分が都市部よりも農村部に厚い，③農村部でのその雇用創出による地域間所得再分配の効果があり，政治的に利益誘導の集票マシーンが形成される，④重工業に大量の需要をあたえて，景気対策ないし内需拡大の手段として機能する，という特徴による概念である（渋谷 [2001]）。それは，都市部と農村部の地域間所得再分配であるという点で，福祉国家の日本型の一面を示すものにほかならない。

　ところで，図表1.2から読みとれるように，2001年以降は，経常収支の黒字が再び膨張しているにもかかわらず，公共事業は拡大するどころか縮小・削減されている。小泉政権（2001年成立）の「構造改革」によるものである。これにともなって，公的固定資本形成の9割を占める政府建設投資は，ピークの1995年度約35兆円，

2000年度30兆円から2004年度には21兆円に激減した。図表1.3をみると，1997年度以降，民間も含めた総建設投資は一貫してマイナスであり，減少しつづけているが，1999年度以降とくに政府投資のマイナス寄与度が大きい。

こうした公共事業の削減は，国および地方の財政危機によるものであり，また産業構造の変化にともなう公共事業の景気刺激効果の減衰や，「無駄な公共事業」などという土建国家批判の高まりを反映したものである。小泉構造改革のキャッチ・フレーズは，「官から民へ」と「国から地方へ」である。「官から民へ」とは，民営化や規制緩和をつうじ国の役割を縮小することであり，「国から地方へ」は，いわゆる三位一体改革（財源移譲，補助金改革，地方交付税改革）をつうじ，同じく国の役割を縮小することである。いいかえれば，国を「小さな政府」にし，経済の市場化を推進して，バブル崩壊以降の長期停滞と財政危機から脱却しようというのである。いわゆる新自由主義である。その一環として土建国家システムも解体されてきたといっていい。

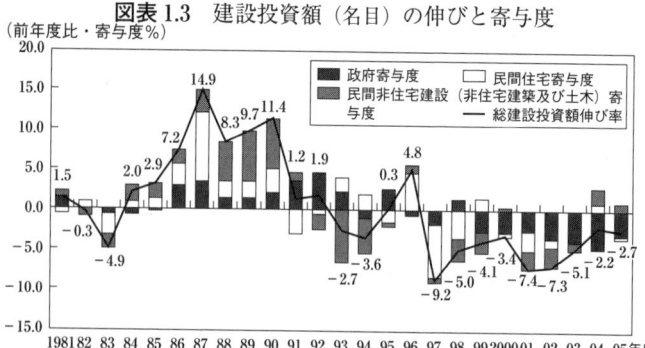

図表1.3 建設投資額（名目）の伸びと寄与度

(前年度比・寄与度%)

[グラフ：1981年度から2005年度までの建設投資額の伸びと寄与度。政府寄与度，民間住宅寄与度，民間非住宅建設（非住宅建築及び土木）寄与度，総建設投資額伸び率を表示。総建設投資額伸び率の値：1981年1.5，82年-0.3，83年-4.9，84年2.0，85年2.9，86年7.2，87年14.9，88年8.3，89年9.7，90年11.4，91年1.2，92年1.9，93年-2.7，94年-3.6，95年0.3，96年4.8，97年-5.0，98年-9.2，99年-4.1，2000年-3.4，01年-7.4，02年-7.3，03年-5.1，04年-2.2，05年-2.7]

出所) 国土交通省監修『建設統計月報』2005年7月号より。

さて，地域の公共投資依存度をみると，図表 1.4 のようであり，第 1 に，地方圏のほうが大都市圏（東京圏，名古屋圏・大阪圏）よりも依存度が大きい，そして所得下位の地方圏のほうが所得上位の地方圏よりも，それが大きい。地方圏は，公共投資による地域振興策によって地域経済を支えてきたのである。また国としても，地域の雇用や所得の維持を目的として，地方圏に公共投資を厚く分配する政策をとってきた。第 2 に，推移から次のことがわかる。1965 年ごろまでは，大都市圏，地方圏ともに依存度が高まっているが，それ以降大都市圏は依存度が下がるのに対し，地方圏は 1980 年ごろまで上がりつづけている。公共事業依存型の地域経済の形成であり，土建国家のビルトインである。1980 年代は財政再建策にともなう公共事業削減の結果，両圏とも下がるが（1980 年代後半は大都市圏はやや上昇），1990 年代前半は景気対策の影響によりまた上昇，

図表 1.4 地域の公共投資依存度（県民総支出に占める公的固定資本形成額）

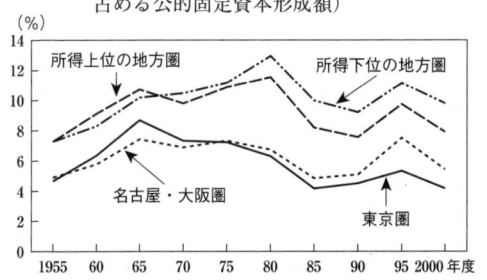

注） 1) 東京圏とは，埼玉県，千葉県，東京都，神奈川県。
名古屋圏とは，岐阜県，愛知県，三重県。
大阪圏とは，京都府，大阪府，兵庫県，奈良県。
2) 1955 年から 1970 年は経済企画庁による推計値，1975 年から 1990 年は 68SNA，1995 年から 2000 年は 93SNA によるため，厳密には相互に接続しない。

出所） 厚生労働省『労働経済白書』2005 年版より。

1990年代後半以降は低下傾向にある。2000年以降はこの図ではわからないが，大幅に低下しているはずである。

　公共事業削減が，同依存度の高い地方圏の雇用と所得にマイナスのインパクトをあたえたことはいうまでもない。全国の建設業就業者は，ピークの1997年に685万人に達していたが，その後減少し，2000年653万人，2002年618万人，2004年584万人へ縮小した。1997年から数えて100万人の減少であり，2000年から70万人の減少である。建設業は，ことに公共投資依存度の高い農村部や過疎地域において，とりわけ中高年層の雇用と所得を維持する役割を果たしてきたのであるが，その高齢化ともあいまって，その役割を縮小しつつある。

　また，建設業の技術進歩も，土建国家の解体を促進している。雇用拡大効果が小さくなったし，建設機械設備投資が巨額となり，過疎地域の小規模な建設業者では対処できず，都市部の大手ゼネコンが受注する。その結果，地方に撒布される財政資金は，都市部の重工業や大手ゼネコンに還流する割合が大きくなるのであって，地方への所得再分配機能が小さくなる。逆に地方財政から還流する需要によって，重工業と大手建設業という衰退部門を救済するという性格を帯びてきている（渋谷［2001］）。

1.3　地域経済へのインパクト：長野県の事例

　長野県は，人口220万人の中規模の県であるが，信州とも呼ばれ，温泉や夏山や冬のスキー・スケートなど，観光県のイメージが強いかもしれない。もちろん，観光業は長野県経済にとって重要である。建設業の比重も大きい。しかし，である。同時に工業県なのである。

しかも，地方圏に位置するにもかかわらず，いちじるしく工業のグローバル化が進展しており，そのインパクトも大きい。

長野県経済は，①製造業の比重が大きい，②輸出依存度が高い，③産業集積がある，などの特徴がある。まず第一に，製造業の県内総生産に占める割合を2000年度についてみると，30.3％であり，全国の21.5％，関東甲信の20.3％，三大都市圏の20.3％などに比べて大きい。ついでに，建設業の同割合をみておくと，長野県8.0％，全国7.3％，関東甲信6.5％，三大都市圏6.4％と，これまた大きい（日本政策投資銀行『地域ハンドブック』2004年度版）。製造業の中身をみると，機械系4業種（一般機械，電気機械，輸送機械，精密機械）の割合が大きく，県内製造品出荷額に占めるその割合は2000年で71.4％であり，この比重が大きい愛知県の64.1％をもはるかに上回っている。なかでも電気機械が47.6％と突出しており，愛知県の輸送機械（自動車）の45.2％より大きい（宮嵜［2003b］）。しかもそれは電子部品やデバイスを中心とするものであり，情報化やIT革命という世界的潮流と連動しているのである。

第2に，製造業の輸出依存度が高く，製造品出荷額に占める輸出の割合は，2000年で20％を超えて全国平均を上回り，とくに精密では35.3％，電機では29.0％といちじるしく大きい。輸出の中身をみると，機械系4業種が95.5％を占めており，なかでも電機が70％である。電機の中身は，出荷額の大きい順に，コンピュータ・同付属品，集積回路，その他電子部品，抵抗器・コンデンサ・変成器・複合部品となっている。

製造業全体の輸出先をみると，アメリカとアジアが中心であり，1990年代中ごろを境にアジアがアメリカを上回るようになり，

2004年にはアジア48.8％，アメリカ26.0％となっている。電機でも90年代中ごろ以降アメリカとアジアが拮抗するようになり，2000年にアジアがアメリカを凌駕した。東アジアへの輸出は，コンピュータ・同付属品のほか，電子部品，デバイス，半導体製造装置，射出成形機などの中間財や資本財であり，これは長野県が生産の海外移転にともなう輸出誘発効果を享受してきたことを示している（宮嵜［2003b］）。

　第3に，産業集積の存在である。長野県の産業集積は，諏訪，伊那，坂城のほか，東信（上田中心），中信（松本中心），北信（長野中心）の各地区があるが，典型事例は，諏訪地区（岡谷市，諏訪市，茅野市，下諏訪町，富士見町，原村）である。この地区は，戦後これまで，諏訪精工舎（現セイコーエプソン），オリンパス光学，三協精機，チノン，ヤシカを中心に精密機械の企業群が集積し技術の蓄積と企業間ネットワークの形成がおこなわれてきた。まさに「東洋のスイス」のなかの「スイス」であり，時計やカメラの製造が主であったが，メカトロニクス化の進展とともに，そこに用いられる電子部品やデバイスの高精度化，高密度化，高機能化などが要請され，微細加工技術の開発や製品の多様化が進展した。そうして，これら電子部品やデバイスの世界有数の生産拠点になったのである。さきの輸出誘発効果は，このような産業集積の存在によるものにほかならない。

　ところが，長野県製造業の海外直接投資による生産の海外移転は，こうした産業集積の利益を縮小していくものであり，地域経済にマイナスのインパクトをあたえるものであった。長野県製造業の海外進出は，図表1.5のように，全国の製造業の動きとほぼ同様の動き

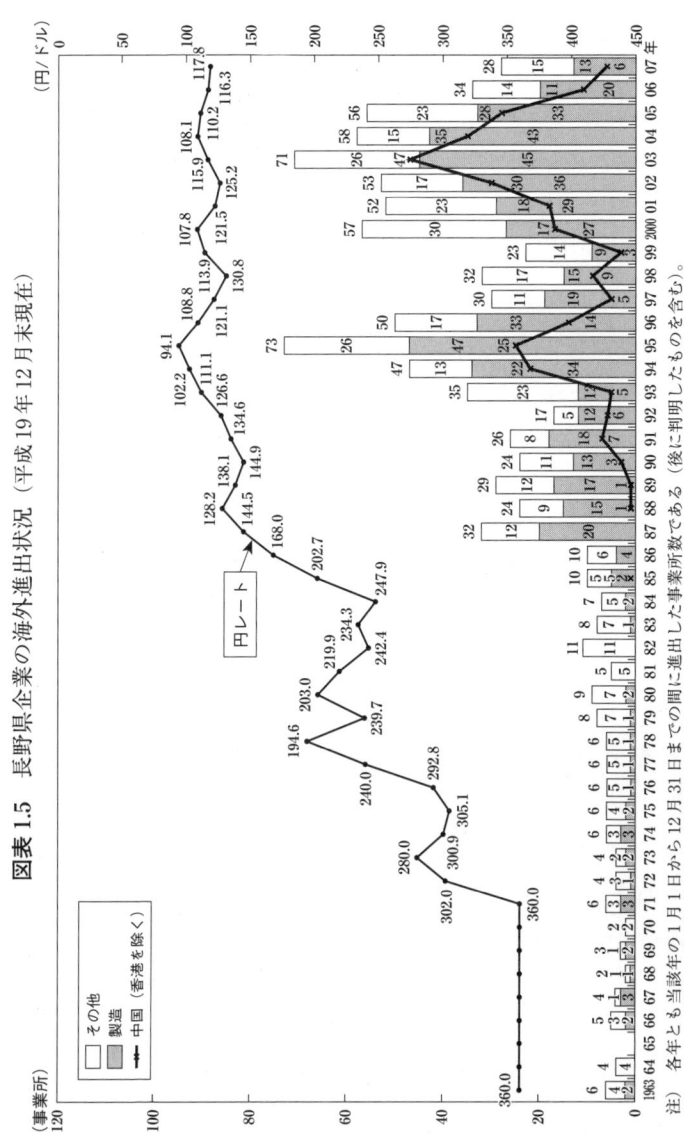

第1章　グローバル化と地域経済　45

図表 1.5　長野県企業の海外進出状況（平成 19 年 12 月末現在）

注) 各年とも当該年の 1 月 1 日から 12 月 31 日までの間に進出した事業所数である（後に判明したものを含む）。
出所) 長野県商工労働部「長野県関係製造業企業の海外進出状況調査結果」2008 年（http://www.pref.naganpo.jp/syoukou/kaigai/H19/19top.htm）

を示しており，1985年プラザ合意後の円高期，1993〜95年の超円高期，2000年以降と三つの山を描いて増大してきた。1980年代後半は，円高によって輸出が不利に輸入が有利になったことにともなう円高対応型であり，労働集約的工程や成熟商品などの生産をNIEsやASEANへ移転するものであり，1990年代央以降は，高付加価値品の生産が移転され，電子部品やデバイスの現地生産が始まり，中国への投資が増大する。

2007年末現在の製造業の海外事業所数は，アジア476，北米41，欧州20，その他12であり，アジアのなかでは，中国233，ASEAN 187（タイ69，インドネシア34，マレーシア24，フィリピン28，シンガポール15，ベトナム17），台湾24，韓国10などの順となっており，国別では中国が圧倒的に多い。地域としては中国に次いでASEANが多い。

東アジアで日本に次いで発展したNIEsと呼ばれる台湾や韓国が賃金上昇などで高コストとなり，次いでASEANが，そして中国が投資先国となってきたのである。製造業の業種別では，機械259，電子222，電機104，情報101，精密44などとなっており，電子，情報，電機をあわせると427である。[*]電子部品やデバイスを中心に情報関連機器の生産が移転されている。さきにふれた生産のモジュール化がその基礎にあることはいうまでもない。

諏訪地区の製造業の海外進出もみておくと，やはり1980年代後半から増えており，事業所数でみて1993年以降，1997年のゼロを別にして，毎年10件程度みられ，諏訪地方事務所は，「経済のグロ

---

[*]長野県商工部「長野県関係製造業企業の海外進出状況調査結果」http://www.pref.nagano.jp/syoukou/sinkou/kaigai/H19/19top.htm

ーバル化を背景に大手・中堅企業の生産拠点の海外シフト等による空洞化が進展し，国際競争力が弱体化している」[*]と指摘している。たとえば，セイコーエプソンは，1980年代後半にアメリカやヨーロッパに生産拠点をつくっていたが，1996年に中国蘇州に電子デバイス事業の新たな生産拠点を，1998年に北京に中国統括会社を設立した。中国シフトである。

こうして中間財や資本財などの高付加価値品が生産移転され，現地生産されるようになると，産業集積の利益が失われ，輸出誘発効果が縮小し，輸出代替効果や逆輸入効果が大きくなって，地域経済の雇用や所得を減少させることとなる。雇用や所得ばかりではない。生産技術（ものづくり技術）の継承が困難ともなる。地域経済の空洞化である。もちろんすべてが生産の海外移転によるものではなく，国内需要の長期低迷にもよるのであるが，長野県全体の製造業の事業所数と従業者数は，図表1.6のように，減少した。

諏訪地区では，事業所数が1991年には約3000所あったが，年々減少し，2002年には約1000所へ減少した。また従業者数は，1991年の4万4000人から年々減少し，2002年には3万人を割った。いずれも2000年以降の減少が大きい。2000年のアメリカITバブル崩壊（1990年代後半以降のインターネット関連株式ブームの崩壊）の影響でもある。輸出は，2000年の約1800億円が2002年には1200億円に減少した。商業でも，2001年にはイトーヨーカドー岡谷店（岡谷市），2002年には「おかや東急百貨店」（同）が閉店し，老舗の諏訪丸光（諏訪市）も2004年に会社更生法の申請をおこなうな

---

[*]長野県諏訪地方事務所 http://www.icon.pref.nagano.jp/usr/ro-suwa/toukei/toukei.htmsdk

図表 1.6 長野県製造業の事業所数と従業者数の推移

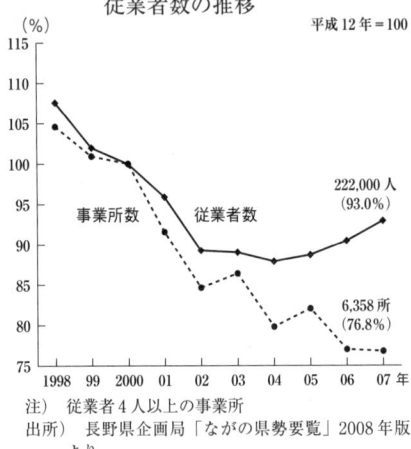

（％）　　　　　　　　　　　　　　　平成12年＝100

従業者数 222,000人（93.0％）
事業所数 6,358所（76.8％）

注）従業者4人以上の事業所
出所）長野県企画局「ながの県勢要覧」2008年版より。

図表 1.7 長野県における業種別倒産件数と負債額の推移

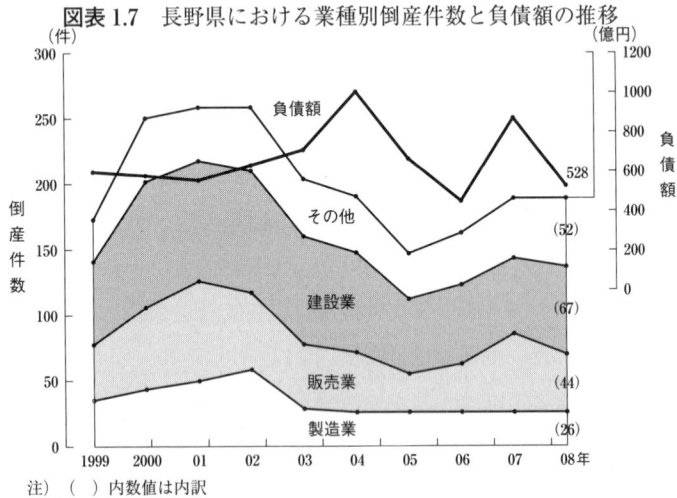

負債額 528
その他 (52)
建設業 (67)
販売業 (44)
製造業 (26)

注）（　）内数値は内訳
出所）図表1.6に同じ。

ど，影響がみられた。

　以上のような製造業の空洞化ないし縮小にくわえて，第2節にみた土建国家システムの解体が加わったのである。長野県財政は，国の景気対策や1998年冬期オリンピック開催にともなう公共事業拡大などの要因もあり，財政危機に陥り，土木費を大幅に削減してきた。その結果，県歳出予算に占める土木費の比重は，1999年の22.6％から2005年には14.2％に縮小した。*長野県の公的固定資本形成は，1993-97年度1兆円台，2000年度まで8000億円台，2002年度には6200億円へと収縮した。県内総支出に占める割合も，2000年度9.3％，2002年度7.7％へ収縮した。これにともなって建設業の県内総生産に占める比重も，1995年度の12.3％から2002年度には7.2％へ収縮した。公共事業の削減にともなって，長野県の建設業の倒産件数は，図表1.7のように，各業種のなかでもっとも大きく，建設業の事業所数は，1996年の1万7027から2001年の1万6193へ減少し，従業者数は同12万1188人から10万6953人へと1万4000人の減少をみた。

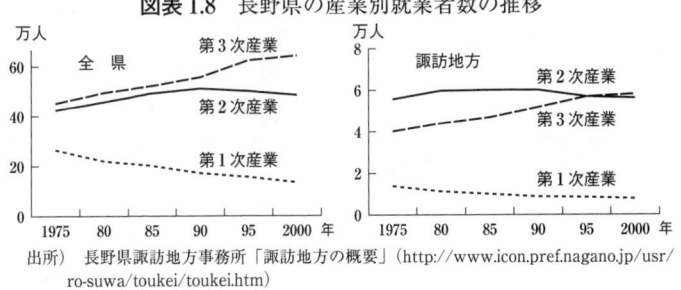

図表1.8　長野県の産業別就業者数の推移

出所）　長野県諏訪地方事務所「諏訪地方の概要」(http://www.icon.pref.nagano.jp/usr/ro-suwa/toukei/toukei.htm)

＊長野県「財政改革の成果」http://www.pref.nagano.jp/keiei/zaiseit/kaikaku/program/seika.htm

もとより、製造業の空洞化が進展し、建設業の縮小が生じても、サービス業の拡大によってカバーし、雇用や所得を維持することができるのであって、図表1.8のように、長野県でも諏訪地域でも、そうした傾向がみられる。しかし、サービス業が、製造業や建設業にかわって、県経済ないし地域経済を主導できないところに、県経済の成長率の低下があるのである。県経済の経済成長率は、これまで全国経済の成長率を上回ってきたが、2001年以降下回るようになった。

コラム2　長野モデル

長野モデルのモデルは、スウェーデンであった。長野モデルの具体化を目的とする「産業活性化・雇用創出プラン」（2003年）によれば、スウェーデンは、「雇用と福祉を重視した産業構造の転換に成功し、新たな労働集約型産業と知識集約型産業が集積した、環境にやさしい人間中心の持続可能な循環型社会を形成した」、それは「福祉・医療、環境、教育という、対人的な社会サービスによる社会保障をおこなう福祉国家への転換であり、一人ひとりの人間を重視した、脱物質型の新しい社会・経済システムである」という。そこで同プランは、3×3（スリー・バイ・スリー）による新たな産業づくり、すなわち、製造業、農業、観光業という長野県の三つの既存基幹産業と福祉・医療、環境、教育という三つの成長分野との連携、融合、すなわち「3×3」を推し進めて、新しい産業の育成と雇用の創出をはかることを産業政策の柱に据えていた。たとえば、福祉・医療機器および環境分野の研究開発への助成や、工業関係試験場の整備充実などによって、新分野産業を育成するなどであった。フランス・レギュラシオン学派のロベール・ボワイエは、新しい成長体制を、教育や医療や福祉やレジャーへの投資を中心とした「人間による人間の生産」としての「人間形成的成長体制」であろうと展望している（ボワイエ『ニュー・エコノミーの研究――21世紀型経済成長とはなにか』藤原書店、2007年）。

こうしたなかで，田中康夫県政（2000年発足）は，出直し知事選後の2003年，「産業活性化・雇用創出プラン」を策定した。それは，「既存基幹産業（農業，製造業，観光業）と成長性の高い分野（福祉・医療，環境，教育）との連携・融合（スリー・バイ・スリー）による新産業づくりや建設業の新分野進出支援などによって，産業構造を転換し，自律的で持続可能な長野県の社会・経済を構築するためのプラン」，いいかえれば「長野モデル」実現のためのプランとされ，財政改革推進期間中の2006年度までの雇用創出2万人という数値目標を掲げていた。*2004年度の雇用創出目標は4640人であり，実績は4563人で，目標はほぼ達成されたという。福祉・医療，環境，教育関連施策の充実が2388人，総合的な創業支援と企業誘致が1717人などである。しかし，3×3による新たな産業づくりは，目標590人に対し実績188人であり，「長野モデル創造枠」予算に計上される商工部の「3×3」関連予算額は，2003年度が6億円，2004年度は2億4000万円で，2005年度は7400万円と縮小した。**

 長野モデルは，結果を出せなかった。田中県政は2006年9月，「必要な公共事業はおこなう」という村井仁県政へと転換し，「長野モデル創造枠」も廃止された。一方，村井県政は，「行財政改革プラン」（2007年），「産業振興戦略プラン」（同），「県森林税」（同），「中期総合計画」（同），さらに2009年には世界金融危機後の不況対策として「新経済対策――くらし・地域力向上プロジェクト――大綱」を策定したが，その産業政策が，環境や医療や福祉におけるハイテク新産業の育成を含むなどの点では，長野モデルを全否定する

＊長野県商工部 http://www.pref.nagano.jp/syoukou/sinkou/gaiyou/puran.htm
＊＊読売新聞 http://www.yomiuri.co.jp/e-japan/nagano/kikaku/058/4.htm

ものではない。地域レベルにおいて，高齢化とグローバル化に対応する21世紀型産業の創出が模索されつつあるといってよいであろう。

(樋口　均)

参考文献

五十嵐敬喜・小川昭雄 (1997)『公共事業をどうするか』岩波書店

池上岳彦 (2004)『分権化と地方財政』岩波書店

カーティス／石川真澄 (1983)『土建国家ニッポン──「世界の優等生」の強みと弱み』光文社

金澤史男編 (2002)『現代の公共事業』日本経済評論社

金子勝 (2003)『経済大転換──反デフレ・反バブルの政策学』筑摩書房

渋谷博史 (2001)「基軸国アメリカの軍事財政と日米福祉国家の枠組み」(渋谷博史・内山昭・立岩寿一編『福祉国家システムの構造変化』東京大学出版会 所収)

神野直彦・森田朗・大西隆・植田和弘・苅谷剛彦・大沢真理編 (2004)『講座新しい自治体の設計4　自立した地域経済のデザイン』有斐閣

長野経済研究所 (2005)『創生長野経済』信濃毎日新聞社

橋本寿郎・長谷川信・宮島英昭 (1998)『現代日本経済』有斐閣

林健久 (1992)『福祉国家の財政学』有斐閣

林健久・加藤榮一・金澤史男・持田信樹編 (2004)『グローバル化と福祉国家財政の再編』東京大学出版会

樋口均 (1999)『財政国際化トレンド』学文社

樋口均 (2001)「パクス・アメリカーナの再編とバードン・シェアリング」(渋谷博史・内山昭・立岩寿一編 前掲書 東京大学出版会 所収)

ボワイエ (2007)『ニュー・エコノミーの研究──21世紀型経済成長とはなにか』藤原書店

宮嵜晃臣 (2003a)「IT／グローバリゼーション下の東アジア経済」(『専修大学社会科学研究所月報』No.482 所収)

宮嵜晃臣 (2003b)「日本経済の構造転換」(SGCIME編『グローバル資本主義と世界編成・国民国家システムⅡ国民国家システムの再編』お茶の水書房 所収)

宮嵜晃臣 (2004)「長野県経済の現状──産業集積の特徴とその変容」(『専修大学社会科学研究所月報』No.495 所収)

第2章　過疎自治体と原子力発電所
：福井県三方郡美浜町を事例として

2.1　過疎自治体としての美浜町と原子力発電所

　戦後日本の原子力開発は，アメリカの核政策のグローバル化という外的要因と，原子力の平和利用の推進という内的要因によって進められた。戦後日本の高度経済成長期の総合開発ブームのなかで，福井県は臨海型の重化学工業地帯の造成と原子力発電所の誘致を目指した。美浜町は，そのような県の総合開発計画のシナリオのなかで，国内初の商業用原子炉を設置し，戦後日本の経済発展を原子力発電という近代的エネルギー供給の側面から支えたのである。原発の誘致によって，財政的な効果が期待されたが，国や県からの大規模な財政移転は道路や教育施設などの社会資本整備に活用されたにもかかわらず，新たな地場産業の育成による雇用の創出と過疎化の問題は解消されていない。

　美浜町は，福井県の南西部，嶺南地方に位置し，東は敦賀市，西は若狭町，南は滋賀県高島市，北は若狭湾に面する総面積152.23平方キロメートルの小さな地方自治体である。総面積のうち約8割は，山地が占めている。海岸は典型的なリアス式海岸で，三方五湖とともに若狭湾国定公園区域に属している。総人口は，1954年の1万4806人をピークに，1990年には1万3222人，2007年には1万1165人まで減少している。その間，少子高齢化も進行し，2007年の高齢化

率は29.9％に上昇している。高齢化率の全国平均22.7％，福井県の24.6％と比べても高い水準である。

美浜町の特徴を示す文書がある。地域再生計画として発表された『若狭みはま「産・観・学」交流推進計画』である。そのなかで，美浜町の現状について次のように述べている。

> 美浜町の就業者数は，原子力発電所営業運転開始時の1970年と比較すると，若者の人口流出と老齢人口の増加による労働人口の不足の影響も受け，第1次産業の就業者数が約5分の1に激減し，その反面第3次産業の就業者数は約2倍に増加している。さらに，主要な産業になっている美浜町内の旅館・民宿業，飲食業の観光等のサービス業は，原子力発電所における事故のたびに風評被害を受けることで町全体の活力を削ぐことになっている。(中略)
> 　美浜原子力発電所では従業員の約54％，発電所の通常運転中における工事等作業者のうちの約15％を美浜町在住者が占めている。原子力発電の安全性や信頼性向上の研究を行う原子力安全システム研究所や原子力発電所の関連会社を合わせると，町民の多くが原子力関連事業に従事している。

つまり，美浜町は第1に，人口の少子高齢化と若年労働者の都市部への流出によって，過疎化が進行している。第2に，かつては農業や漁業を中心とした第1次産業中心の経済構造であったが，原子力発電所の設置によって宿泊業や飲食業を中心としたサービス業へ大きくシフトしている。第3に，美浜町民の多くが原子力発電所関連の事業に従事しており，雇用面でも原子力発電所が美浜町の経済を支える構図になっている。

ちなみに，福井県の若狭地方には国内にある53基の原子炉のうち13基が立地し，美浜原子力発電所では3基の原子炉が稼動して

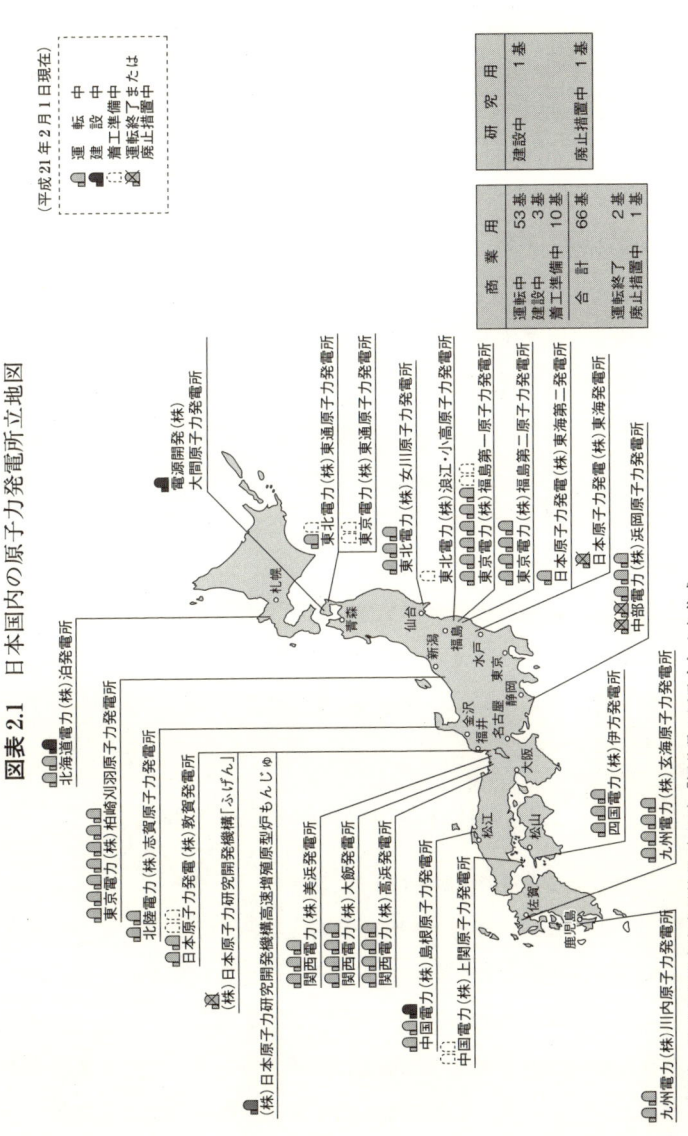

第2章　過疎自治体と原子力発電所　55

図表 2.1　日本国内の原子力発電所立地地図

(平成 21 年 2 月 1 日現在)

凡例:
- 運転中
- 建設中
- 着工準備中
- 運転終了または廃止措置中

商　業	
運転中	53 基
建設中	3 基
着工準備中	10 基
合　計	66 基
運転終了	2 基
廃止措置中	1 基

研　究　用	
	1 基
建設中	
廃止措置中	1 基

発電所一覧:
- 北海道電力(株)泊発電所
- 電源開発(株)大間原子力発電所
- 東北電力(株)東通原子力発電所
- 東京電力(株)東通原子力発電所
- 東北電力(株)女川原子力発電所
- 東北電力(株)浪江・小高原子力発電所
- 東京電力(株)福島第一原子力発電所
- 東京電力(株)福島第二原子力発電所
- 日本原子力発電(株)東海第二発電所
- 日本原子力発電(株)東海発電所
- 中部電力(株)浜岡原子力発電所
- 東京電力(株)柏崎刈羽原子力発電所
- 北陸電力(株)志賀原子力発電所
- 日本原子力発電(株)敦賀発電所
- 日本原子力研究開発機構原型炉「ふげん」
- 日本原子力研究開発機構高速増殖原型炉「もんじゅ」
- 関西電力(株)美浜発電所
- 関西電力(株)大飯発電所
- 関西電力(株)高浜発電所
- 中国電力(株)島根原子力発電所
- 中国電力(株)上関原子力発電所
- 四国電力(株)伊方発電所
- 九州電力(株)玄海原子力発電所
- 九州電力(株)川内原子力発電所

(出所) 福井県原子力安全対策課 (2009)『福井県の原子力』より作成。

いる（図表2.1）。美浜原子力発電所1号機は，1970年の大阪万国博覧会に「原子の灯」を送電したことでも有名であり，美浜町は原子力発電という近代的エネルギー供給を通して戦後日本の経済成長を支えてきた。

しかし，美浜原子力発電所では1991年2月に美浜発電所2号機で蒸気発生器伝熱管の破断によって原子炉が自動停止するとともに，非常用炉心冷却装置が自動作動した。また，2004年8月には，美浜発電所3号機で発生したナトリウム漏れ事故によって，5名の作業員が死亡する事故が発生している。これらの原発に関する事故が繰り返されるたびに，地域住民は放射能漏れの危険にさらされてきたのである。そして，美浜町にはその原子力発電の安全性に関わるリスクの「代償」として，「電源三法交付金」などの国や県からの大規模な財政移転が行われてきたのである。

本章では，戦後日本の経済発展を原子力発電という近代的エネルギー供給の側面から支えた地方自治体の経済及び財政構造がいかなる特徴を有するのかについて，福井県美浜町を通して具体的にアプローチする。

2.2 戦後日本の原子力政策と美浜町

1 アメリカ核政策のグローバル化

1953年にアメリカのアイゼンハワー大統領は，国連総会の演説で"Atoms for Peace"を宣言し，原子力の平和利用を訴えた。その理由は，第1に，1949年8月にソ連の原爆実験が成功し，アメリカの核兵器の独占が崩れた。第2に，イギリスが原子力発電計画を発表し，プルトニウム生産を目的とする軍用炉を発電にも使用でき

る軍民両用炉として普及させる方針を明らかにした。第3に,それを受けてアメリカ国内の原子力商業利用解禁を求める世論が高まりをみせたからである。

これらの要因に促されるかたちで,アメリカはそれまでの核政策を転換した。1954年にはアメリカ原子力法を改正し,原子力技術の商業化が正式に決定した。これによって,ゼネラル・エレクトロニクス(GE)社やウエスティングハウス(WH)社等の民間企業が原子炉を保有し,原子力開発をおこなうことが可能となった。同時に,民間企業が2国間ベースで核物質や核技術を相手国に供与することが認められた。

すなわち,アメリカは原子力に関する2国間協定の締結を他国との間に結ぶことによって,原子力の非軍事利用の領域においてもアメリカの国際的な主導権を確立しようとしたのである(松井[1995]91頁)。そして,日本はこのようなアメリカの核政策のグローバル化への対応を迫られたのである。

2 戦後日本の原子力政策

一方,日本ではこれらの動きに呼応するように,1954年4月3日に中曾根康弘(改進党)を中心とした議員立法による原子力関連予算案が国会で可決された。国内初の原子力関連予算の成立である。この予算に,科学技術振興費3億円のうち,原子炉築造費(2億3500万円),ウラニウム資源調査費(1500万円),原子力関係資料購入費(1000万円)が盛り込まれたことで,原子力開発体制の整備が本格化した。

1954年5月には政府が副総理を会長とし,大蔵大臣,通産大臣をメンバーとする原子力利用準備調査会が設置された。この調査会

は，1955年11月にアメリカとの間で日米原子力研究協定の締結を決定した。これによって，2国間協定にもとづく，アメリカからの濃縮ウランを含めた研究炉の提供が決定した。

　一方，産業界では国外での原子力ブームと原子力開発の将来性に注目し，旧財閥を中心とした原子力産業グループが形成された。政界では中曾根康弘らを中心とした超党派の「原子力合同委員会」が原子力基本法の原案を作成し，1955年には原子力三法（原子力基本法，原子力委員会設置法，総理府設置法の一部改正）が成立した。

　原子力基本法では，原子力開発の条件として「自主，民主，公開の3原則」を明記し，原子力の平和利用を明文化した。また，基本法第5条において「原子力の研究，開発，利用について企画，審議，決定する機関」として原子力委員会が新たに設置された。原子力委員会の決定を，内閣総理大臣は最大限尊重する必要があり，原子力開発に関する最高の意思決定機関として位置づけられた（原子力基本法第3条）。翌年には，科学技術庁が設立され，ここに戦後日本の原子力開発体制が完成したのである。

　1960年代に入ると，原子力の民事利用において軽水炉ブームが起きた。アメリカの沸騰水型軽水炉メーカーのGE社や，加圧水型軽水炉メーカーのWH社が，電力各社への売り込み戦略を展開した。GE社は，原子炉建設に関する全責任を負う「ターンキー方式」と，価格制度としての「固定価格制度」を組み合わせることで，発電用軽水炉建設の急激な増加をもたらした。日本では海外重電機メーカーとの技術提携関係にもとづき，三菱原子力工業がWH社，東芝はGE社からそれぞれ原子炉の導入を図ったのである。1960年代に日本国内で建設された原子炉のほとんどは，これらアメリカの

民間企業から輸入したものであった（吉岡［1999］111～118頁）。

　すなわち，日本の原子力開発は，アメリカの核政策のグローバル化という外的要因と，それを契機とした原子力開発の平和利用という内的要因によって進められた。それによって，戦後日本の原子力開発体制が整備され，日米の2国間協定にもとづいたアメリカの原子力技術が導入された。このような原子力開発の進展にともない，原発の立地選択と原発建設をめぐる誘致運動が展開されたのである。

3　福井県の「総合開発計画」と原発誘致

　美浜町の原発誘致は，福井県が主導する総合開発計画に組み込まれるかたちで進められた。まず，福井県では，1957年に知事を会長とする福井県原子力懇談会を設置し，原発誘致に向けた動きを本格化させた。懇談会の設立目的は，原子力の平和利用を促進し，県内の産業振興を図ることにあった。

　福井県が原発を誘致するうえで，重要な役割を果たしたのが『福井県総合開発計画書』である。これは，1960年12月に制定された「北陸地方開発促進法」を受けて作成された。つまり，戦後日本の高度成長期に産業基盤整備のために公的資金を投入し総合的な開発をおこなう総合開発ブームのなかで作成されたのである。

　当時の福井県の産業構造は農業など第1次産業が中心であり，第2次産業も圧倒的に繊維産業が中心であった。このような産業構造を転換するために，第1段階として内陸型の機械工業を育成し，第2段階として中規模の臨海重化学工業地帯を造成し，鉄道や道路などの近代化，港湾，空港，電力施設の充実化が計画された。そのための，電力供給基地として火力発電所及び原子力発電所の誘致を重要課題と位置づけたのである（福井県［1961］73頁）。

当時の水準で原発が30万キロワットという大規模な電源開発が可能であったことや，原発建設の総工費が400億円（当時）という大規模な事業であったことから原発の誘致には県議会も積極的であった。1962年3月3日には，県議会において「原子力発電所誘致に関する決議」が可決された。この可決にもとづく候補地選びのなかで，原発建設地の条件である，固い岩盤があり人口密度の低いへき地であること，2次冷却水の取水及び排水の制約が少ない海岸線であること等の条件を満たしていた美浜町が候補地に選ばれたのである。

4　美浜町の原発誘致の論理

　県からの協力依頼により美浜町長および町議会は，原発誘致に向けた活動を開始し，1962年6月27日の臨時町議会において，「福井県総合開発計画に基づく原子力発電所を美浜町に誘致する」という議案を，満場一致で可決した。

　美浜町は原発の建設によって，第1に，固定資産税などの地方税の増収といった財政面への効果が期待できる。第2に，原発建設にともなう道路などの公共事業を通して社会資本整備がおこなわれ，新たな企業の誘致や地場産業の育成を図る。第3に，新たな産業の育成によって雇用を創出し，若者を中心とした都市部への人口の流出と過疎化を食い止めることが期待されたのである（美浜町［1975］449～486頁）。

　1967年には，正式に美浜原子力発電所の設置が認可され，「万博に原子の灯」を合言葉に建設工事が進められた。1970年には，ウエスティングハウス社製の加圧水型軽水炉を採用した美浜1号機が，国内初の商業用原子炉として運転を開始した。1972年には美浜2

号機が運転を開始したが,原発設置にともなう固定資産税の減免措置などによって,美浜町が当初期待していたような税収の増加は実現しなかった。この時期には同様の問題が全国的な規模で起きており,新規の原発建設に対するさらなる財政上の優遇措置を求める声が高まっていた。それを受けて創設されたのが,いわゆる「電源三法交付金」であった(福井県[1996])。

5 原発維持メカニズムとしての電源三法交付金制度

「電源三法交付金」は,原子力発電所の立地を促進するための交付金や補助金制度として創設された。その根拠となる,いわゆる「電源三法」は,田中角栄内閣のもとで提案され,1974年10月に施行された。

電源三法は,以下の3つの法律から成り立っている。第1に,電力会社(原子力,火力,水力発電を含む)から税金を徴収する「電源開発促進税法」である。第2に,これを歳入とする特別会計を設ける「電源開発促進対策特別会計法」である。第3に,この特別会計から発電用施設周辺地域において,公共用施設の整備や住民生活の利便性向上のための交付金を地方公共団体等に交付する「発電用施設周辺地域整備法」である。具体的には,一般電気事業者の販売電力に対し電源開発促進税を賦課し,これを財源とした交付金を発電所設置市町村および周辺市町村に配分するものである。

その交付金は,主に公共用施設の整備や地域住民の福祉の向上を図るために活用される。制度創設時に3種類だった交付金は,その後の制度改正や新設を重ね,2002年には25種類まで増加した。2009年度予算額では,主な交付金として電源立地地域対策交付金1117億円,電源立地等推進対策交付金86億円,電源地域振興促進事業費

図表 2.2　電源三法交付金制度の概要

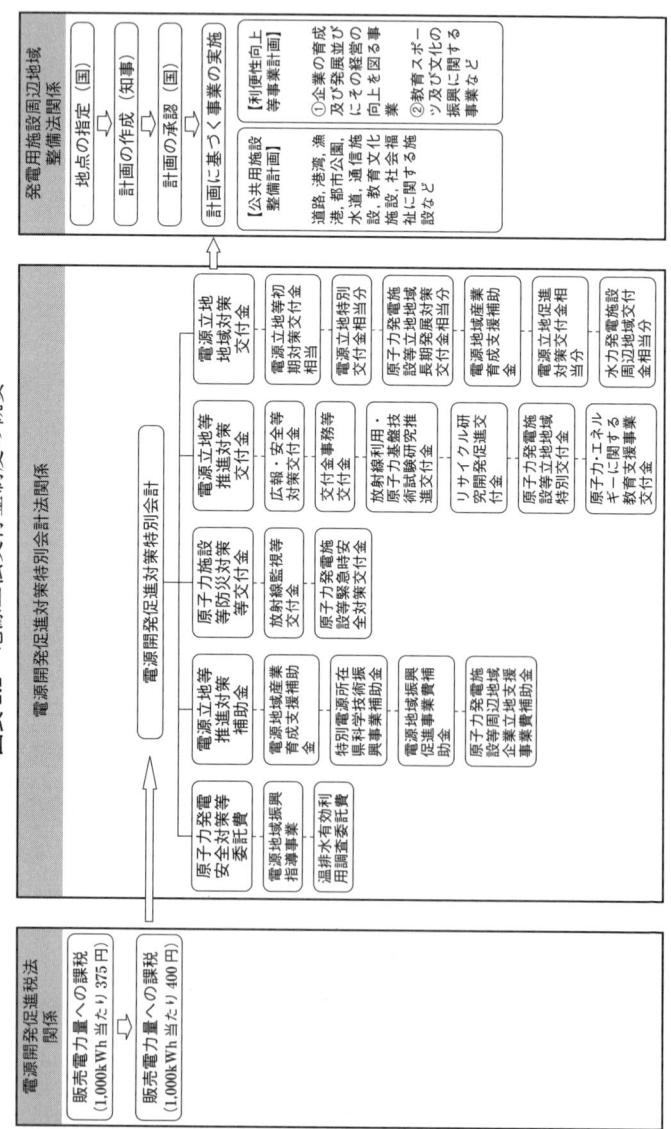

電源開発促進税法関係
- 販売電力量への課税（1,000kWh当たり375円）
- 販売電力量への課税（1,000kWh当たり400円）

電源開発促進対策特別会計関係

電源開発促進対策特別会計
- 原子力発電安全対策等委託費
- 電源地域振興指導事業
- 温排水有効利用調査委託費
- 電源立地等推進対策補助金
- 電源地域産業育成支援補助金
- 特別電源所在県科学技術振興事業補助金
- 電源地域振興促進事業費補助金
- 原子力発電施設等周辺地域企業立地支援事業費補助金
- 原子力施設等防災対策等交付金
- 放射線監視等交付金
- 原子力発電施設等緊急時安全対策交付金
- 電源立地等推進対策交付金
- 広報・安全等対策交付金
- 交付金事務等交付金
- 放射線利用・原子力基盤技術試験研究推進交付金
- リサイクル研究開発促進交付金
- 原子力発電施設立地地域特別交付金
- 原子力・エネルギーに関する教育支援交付金
- 電源立地地域対策交付金
- 電源立地等初期対策交付金相当
- 電源立地対策特別交付金相当分
- 原子力発電施設等立地地域長期発展対策交付金相当分
- 電源地域産業育成支援補助金相当
- 電源立地促進対策交付金相当分
- 水力発電施設周辺地域交付金相当分

発電用施設周辺地域整備法関係
- 地点の指定（国）
- 計画の作成（知事）
- 計画の承認（国）

計画に基づく事業の実施

【公共用施設整備計画】
道路、港湾、漁港、都市公園、水道、通信施設、教育文化施設、社会福祉に関する施設など

【利便性向上等事業計画】
① 企業の育成及び発展並びにその経営の向上を図る事業など
② 教育スポーツ及び文化の振興に関する事業など

出所）福井県総合政策部地域づくり支援課（2008）より作成。

補助金84億円となっている。

電源立地地域対策交付金の交付対象措置には，公共用施設整備措置や地域活性化措置がある。前者には，道路，水道，教育文化施設，社会福祉施設などの公共用施設や産業振興施設の整備，維持補修，維持運営などの事業が含まれる。後者には，地場産業支援事業や地域の特性を活用した地域資源利用魅力向上事業，地域の人材育成事業等の地域活性化事業がある[*]（図表2.2）。

図表2.3は，美浜町の電源三法交付金の交付実績を示している。電源三法交付金創設以来，大規模な財政移転がおこなわれているが，特に2000年以降に財政移転の規模が増加している。その結果，国及び県などの上級政府からの支出金に占める比率も高まり，2005年には65.5％に達している。図表2.4から，2007年度電源立地地域対策交付金の事業実績みると，主に福祉，教育，文化関連施設の整備や運営費に充てられている。そのなかでも，保育園の建設などの保

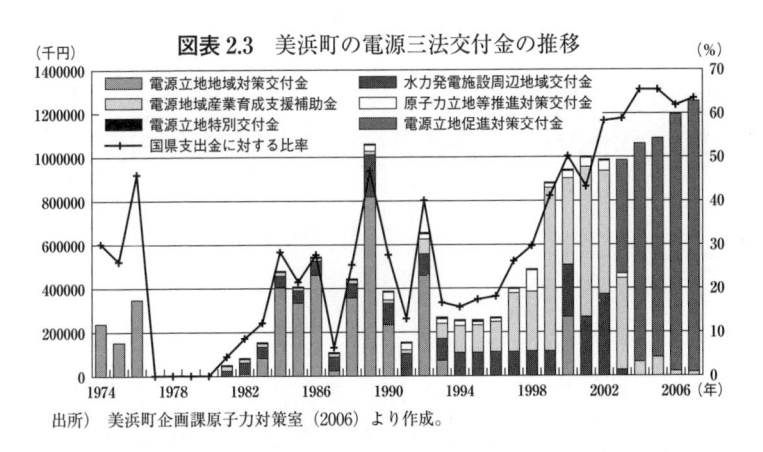

図表2.3 美浜町の電源三法交付金の推移

凡例：電源立地地域対策交付金／水力発電施設周辺地域交付金／電源地域産業育成支援補助金／原子力立地等推進対策交付金／電源立地特別交付金／電源立地促進対策交付金／国県支出金に対する比率

出所）美浜町企画課原子力対策室（2006）より作成。

---

[*]制度の概要については，経済産業省資源エネルギー庁（2009）を参照した。

図表 2.4 電源立地地域対策交付金の事業実績

(2007 年, 単位：万円)

事業種別	事業内容	事業費 (A)	交付金 (B)	交付率 (B/A)
常設保育園運営事業	常設保育所事業運営	29,488	22,000	74.6
せせらぎ保育園整備基金造成事業	基金造成	21,800	21,800	100.0
美浜消防署運営事業	美浜消防署事業運営	12,798	11,000	86.0
あおなみ保育園整備事業	補償費, 用地取得, 測量・地質・移転補償・実施設計業務, 仮設保育所設置	12,072	11,472	95.0
学校施設運営事業	小・中学校・学校プール維持・事業運営	11,586	6,120	52.8
給食センター運営事業	給食センター維持・事業運営	9,831	8,200	83.4
保健福祉センター運営事業	美浜町保健福祉センター維持・事業運営	9,748	8,100	83.1
社会体育施設運営事業	総合運動公園・町民広場維持・事業運営	6,148	4,460	72.5
一般廃棄物収集運搬業務	一般廃棄物収集運搬業務	5,315	1,700	32.0
社会教育施設運営事業	中央公民館・図書館維持・事業運営	4,939	3,000	60.7
文化財保護・町誌編纂運営事業	文化財保護・町誌編纂運営事業	4,625	2,700	58.4
総合運動公園施設改修事業	野球場改修工事, 防球ネット工事	3,631	3,500	96.4
国吉城址史跡公園整備事業	ガイダンス施設建設工事, 工事監理	1,960	1,747	89.1
国吉城址史跡調査及び公園整備事業	周辺地形測量, 検討委員会, 周知活動, 試掘調査	777	760	97.8
佐田地区水路改良工事	改良工事	596	450	75.5
防犯灯維持管理事業	防犯灯電気代	504	400	79.4
若狭美浜観光戦略プロジェクト事業	ホームページ管理運営費	196	193	98.6
小　計		136,012	107,602	78.6

出所）美浜町企画課原子力対策室 (2006), 美浜町企画政策課提供資料より作成。

育園関連事業に合計6.3億円を充てている。これらの事業費全体に占める交付金の割合は平均で79％と高い水準であり、原発関連の交付金が活用されていることがわかる。

しかし、これら電源三法交付金の使途については、さまざまな制約が存在し、使途の範囲も限定されている。そのために、交付される団体が必要とする事業に交付金を活用することができず、地域の発展に対して有効に機能していないなどの問題点も指摘されている。

次節では、このような電源三法交付金の実態を踏まえて、美浜町の経済及び財政構造がどのような構造的な特徴を有しているかを検討しよう。

2.3 美浜町の経済構造と財政構造

1 就業者数の減少と構造変化

図表2.5から、美浜町の就業構造の特徴を読みとろう。第1に、就業者の総数が1960年の7134人から2005年には5692人まで減少している。減少率は、20.2％である。その内訳をみると、第1次産業の就業者が1960年の4471人（62.7％）から2005年の585人（10.3％）に大幅に減少している。特に、農業に従事する就業者は、1990年までに約3000人減少している。

第2に、その落ち込みを補うようにして、第2次産業では建設業が1960年の538人（7.5％）から1990年の1239人（17.3％）に増加し、製造業は1960年の375人（5.3％）から1990年には1112人（15.5％）に増加している。また、発電所の建設によって電気・ガス・水道業の就業者が1960年の18人（0.3％）から1990年の453人（6.3％）への増加という形であらわれている。建設業の増加は、

図表 2.5　産業別就業者数の推移

(人, %)

年	1960	1990	1995	2000	2005
第1次産業	4,471 (62.7)	926 (12.9)	882 (13.3)	565 (9.4)	585 (10.3)
農業	3,741 (52.4)	711 (9.9)	677 (10.2)	389 (6.5)	424 (7.4)
林業	258 (3.6)	16 (0.2)	23 (0.3)	14 (0.2)	2 (0.0)
漁業・水産養殖業	472 (6.6)	199 (2.8)	182 (2.7)	162 (2.7)	159 (2.8)
第2次産業	1,038 (14.6)	2354 (32.8)	1,819 (27.4)	1,708 (28.4)	1,228 (21.6)
鉱業	125 (1.8)	3 (0.0)	1 (0.0)	2 (0)	— (0.0)
建設業	538 (7.5)	1239 (17.3)	889 (13.4)	1,003 (16.7)	637 (11.2)
製造業	375 (5.3)	1112 (15.5)	929 (14.0)	703 (11.7)	591 (10.4)
第3次産業	1,625 (22.8)	3896 (54.3)	3,935 (59.3)	3,751 (62.3)	3,845 (67.6)
卸売・小売業	553 (7.8)	1004 (14.0)	991 (14.9)	934 (15.5)	798 (14.0)
金融・保険業・不動産業	34 (0.5)	111 (1.5)	82 (1.2)	90 (1.5)	69 (1.2)
運輸・通信業	325 (4.6)	326 (4.5)	291 (4.4)	240 (4)	224 (3.9)
電気・ガス・水道業	18 (0.3)	453 (6.3)	469 (7.1)	471 (7.8)	455 (8.0)
サービス業	581 (8.1)	1791 (25.0)	1,887 (28.4)	1,807 (30)	2,087 (36.7)
公務	113 (1.6)	211 (2.9)	215 (3.2)	209 (3.5)	198 (3.5)
分類不能の産業	1 (0.0)	2 (0.0)	1 (0.0)	0 (0)	34 (0.6)
合計	7,134 (100.0)	7178 (100.0)	6,637 (100.0)	6,024 (100)	5,692 (100.0)

出所)　福井県美浜町『町勢要覧』各号,総務省『平成17年 国勢調査』より作成。

原発建設以降の電源三法交付金などによる歳入増加が公共事業の増加をもたらしたことが主な原因であったと考えられる。一方,第3次産業では卸売,小売業及びサービス業を中心に就業者が増加し,第2次,第3次産業を中心とした産業構造に徐々にシフトした。

第3に,1990年代以降は建設業と製造業において就業者が減少

傾向にあり，その減少をサービス業が吸収するかたちで構造変化が進行している。この間に，建設業と製造業において事業所数の減少も起きており，特に製造業では1990年代以降のグローバル化の流れのなかで生じた工場の移転がその原因と考えられる。ちなみに，2009年10月現在の美浜発電所に在籍する従業員は457人であり，そのうち美浜町在住者は246人（比率は53.8%）である。それ以外の原発関連業務にかかわる協力企業の労働者は，1414人となっている。そのうち，美浜町在住者は248人である（美浜町企画政策課提供資料）。

すなわち，美浜町では原発を受け入れる以前の農業を中心とした産業構造が，原発立地後には建設業と製造業を中心に美浜町の雇用を支えていたが，1990年代にはそれらの業種の雇用の減少を電機・ガス・水道業とサービス業が補うかたちで，第3次産業中心の産業構造にシフトしている。

2　原発依存の財政構造

図表2.6および図表2.7から，美浜町の一般会計の特徴を読みとろう。ここでは，国から過疎自治体として認定されている秋田県小坂町との比較を通してその特徴を明らかにする。

第1に，歳出総額をみると全国の町村財政の平均値では，人口1人当たりの一般会計歳出額が43.8万円であるのに対して，美浜町は63.6万円，過疎自治体の小坂町は68.4万円と割高になっている。それは，過疎地であるが故に，「人口規模も人口密度も小さい地域では…規模の経済が働かずに割高になりやすい」という事情が働いていると思われる（加藤・渋谷［2008］244頁）。

第2に，美浜町の2007年度一般会計歳出額71.1億円のなかで，

図表 2.6 財政支出の比較
(2007 年度、普通会計決算ベース)

	全国町村合計 万円	%	決算額 美浜町 万円	%	小坂町 万円	%	人口1人当たり金額 全国町村合計(円)	美浜町(円)	小坂町(円)
歳出合計	588,729,810	(100.0)	710,792	(100.0)	450,863	(100.0)	438,335	635,828	683,852
人件費	116,576,886	(19.8)	146,766	(20.6)	73,341	(16.3)	86,797	131,287	111,241
物件費	77,340,364	(13.1)	101,020	(14.2)	62,956	(14.0)	57,583	90,366	95,489
維持補修費	5,723,530	(1.0)	4,276	(0.6)	3,496	(0.8)	4,261	3,825	5,302
扶助費	41,577,069	(7.1)	37,393	(5.3)	29,790	(6.6)	30,956	33,449	45,061
補助費等	74,659,144	(12.7)	124,809	(17.6)	45,358	(10.1)	55,587	111,646	68,796
普通建設事業費	86,104,034	(14.6)	146,133	(20.6)	97,946	(21.7)	64,108	130,721	148,561
公債費	89,979,421	(15.3)	52,100	(7.3)	77,702	(17.2)	66,994	46,606	117,856
その他	96,769,363	(16.4)	98,296	(13.8)	60,356	(13.4)	72,049	87,930	91,546
地方債残高	709,851,941		469,155		470,840		528,516	419,676	714,152

注) 四捨五入しているため、合計において一致しない場合がある。
出所) 総務省『市町村別決算状況調』より算出。

図表 2.7 財政収入の比較
(2007 年度、普通会計決算ベース)

	全国町村合計 万円	%	決算額 美浜町 万円	%	小坂町 万円	%	人口1人当たり金額 全国町村合計(円)	美浜町(円)	小坂町(円)
歳入総額	609,861,982	(100.0)	790,175	(100.0)	481,259	(100.0)	454,069	706,839	729,954
地方税	166,373,084	(27.3)	256,477	(32.5)	100,251	(20.8)	123,872	229,427	152,057
市町村民税	70,295,372	(11.5)	87,817	(11.1)	52,620	(10.9)	52,338	78,556	79,812
固定資産税	82,379,164	(13.5)	158,133	(20.0)	41,082	(8.5)	61,335	141,455	62,312
地方消費税交付金	12,027,905	(2.0)	10,912	(1.4)	7,006	(1.5)	8,955	9,761	10,626
地方交付税	198,413,349	(32.5)	64,628	(8.2)	167,075	(34.7)	147,727	57,812	253,413
国庫支出金	38,527,098	(6.3)	106,133	(13.4)	17,678	(3.7)	28,685	94,939	26,814
都道府県支出金	38,485,434	(6.3)	80,357	(10.2)	73,107	(15.2)	28,654	71,882	110,886
地方債	49,653,856	(8.1)	30,630	(3.9)	35,566	(7.4)	36,969	27,400	53,946
その他	106,381,256	(17.4)	241,039	(30.5)	80,575	(16.7)	79,206	215,617	122,213

出所) 図表 2.6 と同じ。

第1位は,人件費の14.7億円（歳出全体に対する比率は20.6％），第2位は普通建設事業費の14.6億円（20.6％），第3位が補助費等の12.5億円（17.6％）である。*普通建設事業費について同表の右側の欄で人口1人当たりの金額をみると，市町村平均で6.4万円であるのに対して，美浜町が13.1万円と割高になっており，公共事業に財政資金の多くを活用していることがわかる。

第3に，歳出の高さを賄うための歳入においても，人口1人当たりの歳入額は，町村財政の平均値が45.4万円であるのに対して，美浜町は70.7万円，小坂町は73.0万円と高くなっている。

第4に，美浜町財政の最大の特徴として，人口1人当たりの地方税収入が高く，そのなかでも固定資産税収が高くなっている。町村財政の平均値が6.1万円，小坂町がほぼ同水準の6.2万円であるのに対して，美浜町は14.2万円と2倍以上の水準になっている。これは，原子力発電所からの固定資産税収が主な要因と考えられる。図表2.8において発電所関係税収の町税総額に占める割合をみると，ピーク時の1977年に83％を占めていたが，近年は54.7％にまで低下している。特に，原子力発電所関連の機器に係る償却費用が目減りすることで，固定資産税収も減少傾向にある。

第5に，地方交付税の歳入全体に占める割合が低くなっている。構成比でみると，町村財政のそれが32.5％であり，過疎自治体の小坂町は34.7％もあるのに対して，美浜町は8.2％にすぎない。人口1人当たりでみても，町村財政が14.8万円，小坂町は25.3万円となっており，美浜町は5.8万円という極めて低い金額である。これ

---

*普通建設事業費は，道路，学校，公園などの公共施設の建設や用地取得のための投資的経費など公共事業費をさしている。

図表 2.8 原発関係税収の推移

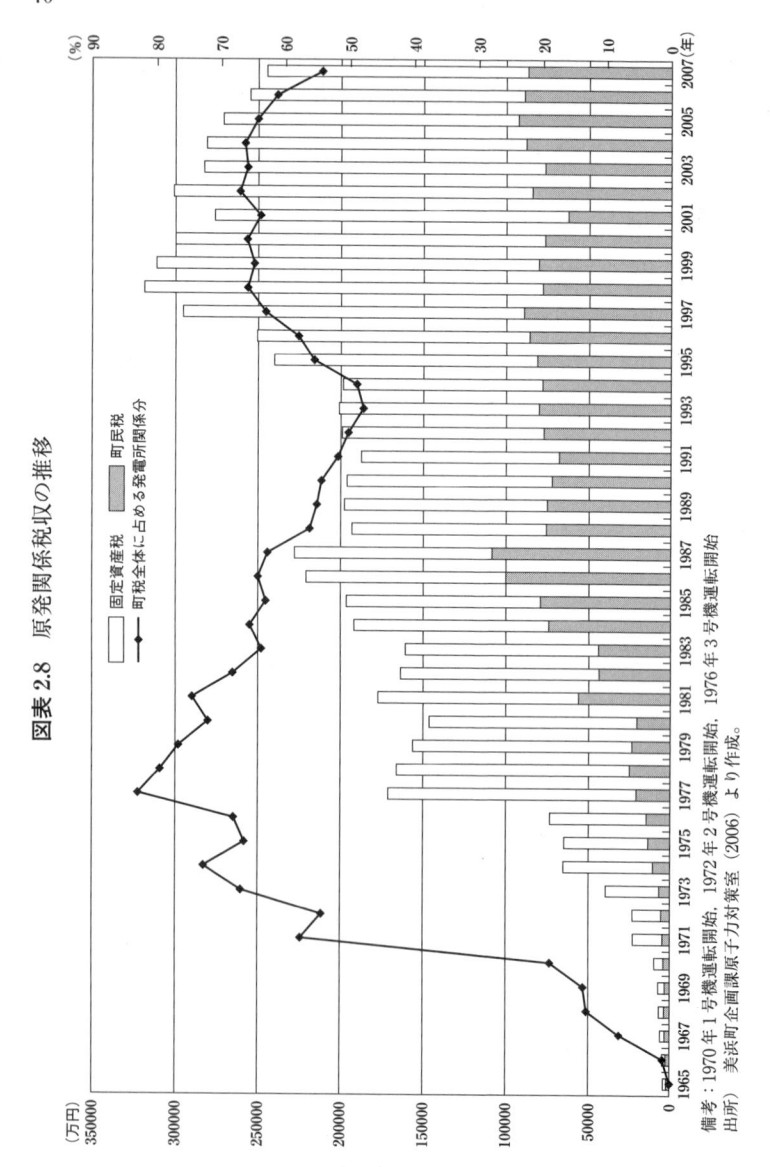

備考：1970年1号機運転開始、1972年2号機運転開始、1976年3号機運転開始
出所：美浜町企画課原子力対策室（2006）より作成。

は，原子力発電所からの固定資産税収が，地方交付税の算出過程で基準財政収入額に算入され，結果として基準財政需要額との差額である地方交付税が少なくなることの結果である。

第6に，地方交付税と対照的なのが国庫支出金である。人口1人当たりでみた場合に町村財政が2.9万円，小坂町2.7万円であるのに対して，美浜町は9.5万円となっている。美浜町の国庫支出金10.6億円の内訳をみると，原子力発電所が立地する地方自治体に交付される電源立地地域対策交付金が，ほぼ全額を占めている。ここにも，原子力発電所が立地する自治体の財政的な特徴が明確に表れている。

第7に，歳入項目の一番下にあるその他の項目においても，美浜町の金額は突出している。その原因は，寄付金収入にある。美浜町のその他収入項目24.1億円のうち，10.2億円を寄付金が占めている。この寄付金は匿名であるため詳細については公表されていないが，原子力発電所を運営する事業主からの地域振興を名目とした寄付金である可能性が高いと考えられる。*

すなわち，美浜町は歳出，歳入総額の人口1人当たりの規模では，過疎自治体である小坂町とほぼ同水準である。しかし，地方税においては固定資産税収の割合が高く，地方交付税の割合が極端に低い

---

*美浜町の2006年度一般会計には，12億円の寄付金収入が計上されている。その寄付金は，関西電力と敦賀原発3号機，4号機の増設を計画している日本原子力発電からの寄付金である（朝日新聞2007年11月2日地方版朝刊）。なお，法人が支出する寄付金については，税制上の取り扱いが2つに分類されている。第1に，法人が国や地方自治体に対しておこなう寄付金については，支出額の全額を損金に算入することができる。第2に，特定公益増進法人（日本赤十字社や社会福祉法人など）や認定NPO法人，また一般の寄付金ついては，損金算入額が制限されている（損金算入限度額＝（所得金額の2.5％＋資本金等の額の0.25％）×1/2）。美浜町への地域振興を名目とした寄付金については，地方自治体への寄付金にあたるため寄付金全額を損金に算入することができる。その結果，寄付金相当額の課税所得が減少し，結果的に国が寄付金の一部を補助するのと同等の効果をもつことになる。

という違いがみられる。また，原発関連の交付金によって国庫支出金の割合が高く，原発にかかわる寄付金収入の割合も高くなっており，美浜町の財政構造が原子力発電所に依存していることが明らかとなる。

2.4 21世紀の地域再生の模索

美浜1号機が運転を開始してから，40年が経過しようとしている。その長い年月の間に，美浜町を取り巻く環境は大きく変化した。1950年代にアメリカが推し進める核政策のグローバル化の過程で，戦後日本の原子力開発は進められた。ちょうど高度経済成長期にあたる全国的な総合開発計画のなかで，福井県は重化学工業地帯の造成と原子力発電所の誘致というシナリオを描いた。

美浜町はそのシナリオにもとづいて，原子力発電所を受け入れたのである。そして美浜町は原発の誘致によって享受できる財政的なメリットや地域開発投資によって，新たな産業の育成によって雇用を創出し，過疎化の進行が止まることを期待した。

しかし，本章で詳しく検討されたように，原発の誘致によって経済構造は大きく変化し，それまでの主要な産業であった農業従事者の減少を，建設・製造業・サービス業が受け止めるかたちで変化が進行した。

そして，近年はグローバル化による製造業関連事業所の減少や，公共事業の減少による建設業従事者の減少を，観光等のサービス業が受け止める構図となっている。つまり，電源三法交付金などの財政資金によって美浜町の産業基盤は整備されたが，新たな産業の育成による雇用の創出は実現されていない。むしろ，経済及び財政構

造の両面で原子力発電所の重要性がいっそう際立つ状況になっている。

　今後，美浜町では21世紀の世界的なエネルギー政策の進展のなかで，「クリーン・エネルギー」と位置づけられるかもしれない原子力発電関係施設の立地を，地域発展のばねとする構造がより強まるのであろうか。美浜町は今，その重要な岐路に立たされている。

（塚谷文武）

参考文献

加藤美穂子・渋谷博史（2008）「地方財政」（渋谷博史編『日本の福祉国家財政』学文社 所収）

経済産業省資源エネルギー庁（2009）『電源立地制度の概要―地域の夢を大きく育てる―』

小林良彰・名取良太（2005）「事業別自治体財政需要（72）電源三法交付金制度―福井県―」（『地方財務』第617号 所収）

原子力委員会編（2009）『原子力白書（平成20年版）』時事画報社

芝田英昭（2000）「原発立地の経済効果（1）―福井県美浜町から―」（『経済評論』第35巻第9号 所収）

渋谷博史（2001）「基軸国アメリカの軍事財政と日米福祉国家の枠組み」（渋谷博史・内山昭・立岩寿一編『福祉国家システムの構造変化―日米における再編と国際的枠組み―』東京大学出版会 所収）

竹内直人（2001）「電源三法交付金制度の課題と自治体施策の方向」（『地域公共政策研究』第4号 所収）

福井県（1961）『福井県総合開発計画書（上巻）』

福井県（1996）『福井県史』通史編第6巻（http://www.archives.pref.fukui.jp/fukui/07/kenshi/tuushiframe.html）

福井県総合政策部地域づくり支援課（2008）『福井県電源三法交付金制度等の手引き』

福井県原子力安全対策課（2009）『福井県の原子力』福井原子力センター

堀江興（2000）「原子力発電所建設に伴う電源三法制度適用に関する研究―新潟県と福井県の比較―」（『日本都市計画学会学術研究論文集』第35号

所収)

松井賢一（1995）『エネルギー戦後50年の検証』電力新報社

美浜町（1975）『美浜町行政史―美浜町20年の歩み―』

美浜町企画課原子力対策室（2006）『美浜の原子力』

R. ルドルフ, S. リドレー著／岩城淳子・斎藤叫・梅本哲世・蔵本喜久訳（1991）『アメリカ原子力産業の展開』御茶の水書房

吉岡斉（1999）『原子力の社会史―その日本的展開―』朝日新聞社

渡辺精一（1981）「原子力発電所と自治体財政」（『都市問題』第72巻第10号 所収）

第3章　日本型福祉国家

3.1　日本国憲法と福祉国家[*]

　20世紀の日本は国家目標を掲げて国民全体でその実現に邁進してきた。前半は，欧米列強に対抗して日本帝国を発展させようとして，大きな戦争に参加して徹底的に敗北してしまった。そして後半では，その敗北と破壊から立ち直ることから始めて，平和で「豊かな社会」を目標として，国民全体が一生懸命に働いた。

　第2次大戦での不幸な敗北を踏まえて，以下の決意表明で始まる憲法に基づいて日本は平和国家としての再建を目指した。

　　日本国民は，正当に選挙された国会における代表者を通じて行動し，われらとわれらの子孫のために，諸国民との協和による成果と，わが国全土にわたつて自由のもたらす恵沢を確保し，政府の行為によって再び戦争の惨禍が起ることのないやうにすることを決意し，ここに主権が国民に存することを宣言し，この憲法を確定する。そもそも国政は，国民の厳粛な信託によるものであつて，その権威は国民に由来し，その権力は国民の代表者がこれを行使し，その福利は国民がこれを享受する。これは人類普遍の原理であり，この憲法は，かかる原理に基くものである。われらは，これに反する一切の憲法，法令及び詔勅を排除する。

---

[*]本節は，渋谷博史編（2008）『日本の福祉国家財政』学文社，第1章のなかの該当部分に加筆修正したものである。

日本社会のあり方を第一義的に規定する日本国憲法は，単なる抽象的な論理ではなく，20世紀の現代史の悲劇的な過程を前提としており，この序文の冒頭に掲げられているように，第2次大戦の反省の上に立って，日本社会を再建することを現実的な目的としており，ここで検討する20世紀後半に構築された日本の福祉国家も，その目的に向かうための政策手段であった。

　第2次大戦の悲劇と反省を乗り越えて，戦後の復興期や経済成長期に一生懸命に働くことで，「平和な豊かな社会」を構築することが，日本の国家目標であり，おそらく日本国民の全体が共有する思いであったといえよう。

　第2次大戦から戦後復興，経済成長の時代へという現代史の流れのなかで国民の勤労によって「豊かな社会」が形成され，その一環として福祉国家も構築されたのである。

　福祉国家の前提としての勤労について，重要な規定が日本国憲法の第25～27条にあり，それが，戦後日本の福祉国家における根本的な理念をなしている。

> **第25条**　すべて国民は，健康で文化的な最低限度の生活を営む権利を有する。②国は，すべての生活部面について，社会福祉，社会保障及び公衆衛生の向上及び増進に努めなければならない。
>
> **第26条**　すべて国民は，法律の定めるところにより，その能力に応じて，ひとしく教育を受ける権利を有する。②すべて国民は，法律の定めるところにより，その保護する子女に普通教育を受けさせる義務を負ふ。義務教育は，これを無償とする。
>
> **第27条**　すべて国民は，勤労の権利を有し，義務を負ふ。②賃金，就業時間，休息その他の勤労条件に関する基準は，法律でこれを定める。③児童は，これを酷使してはならない。

すなわち，国民は「健康で文化的な最低限度の生活を営む権利」（第25条）を有すると同時に，教育（第26条）と勤労（第27条）の権利と義務を負うのである。

しかし，この権利と義務を実現するには，国民は，権利であるとともに義務である勤労を実現するための就労機会を獲得し，その勤労者の所得と納税によって福祉国家や教育が賄われることが必要である。すなわち，「健康で文化的な最低限度の生活」を実現するには，経済成長が最重要な条件であった。

しかし，1990年代から20世紀の終わるころには，その「豊かな社会」にも陰りが出てきた。

第1に，グローバル化の驚異的な進展のなかで，日本経済の国際競争力の低下や，国際的な経済編成における位置の変化にともなう国内経済の構造変化，あるいは経済格差の拡大がみられ，20世紀の平等主義的な「豊かな社会」が解体され，その重要な一環である福祉国家を賄う経済的な余力も先細りとなり，効率化・スリム化への圧力が強まっている。

第2には，人口構造の高齢化がいよいよ本格化して，福祉国家の膨張圧力が強まり，現役世代にとって高齢者の年金や医療のための費用負担が耐えがたくなっている。

第1のグローバル化のよる経済条件については，既に本書の第1章で検討されているので，ここでは第2の人口高齢化について立ち入ってみておこう。

3.2 人口高齢化[*]

図表3.1で人口の長期的な動向をみよう。

第1に，総人口の折れ線グラフは1990年までは増加傾向が明瞭であるが，1990年代になると増加率が明らかに減少して，2000年以降の21世紀には横ばい傾向に転じ，さらに2010年以降は減少し始めることが予測されている。

第2に，65歳以上の高齢者人口については，20世紀後半の増加傾向が時間とともに速度を増しており，2000年には2201万人に達している。特に総人口の増加が鈍る1990年代には高齢者人口の増加速度が強まっており，その勢いは2020年まで続き，3590万人になることが予想されている。

第3に，その結果，高齢者人口を総人口で除した高齢化率は，1990年に12.0％であったのが，2000年に17.3％，2005年に20.1％にまで増加しており，さらに2020年には29.2％になることが予想される。

第4に，高齢者を65〜74歳の前期高齢者と75歳以上の後期高齢者に分けてみると，高齢者人口の全体が増加速度を強めるトレンドのなかで，さらに後期高齢者の増加速度がそれを上回る勢いで強まっている。高齢者人口が1990年の1490万人から2005年の2567万人に増加する間に，後期高齢者は597万人から1160万人に増加している。

第5に，その結果，高齢化率が1990年の12.0％から2005年の

＊この節は，本シリーズ「21世紀の福祉国家と地域」の第1巻『福祉国家と地域と高齢化』の第1章第5節をもとにして，加筆修正したものである。

第3章　日本型福祉国家　79

図表 3.1　高齢化の推移と将来推計

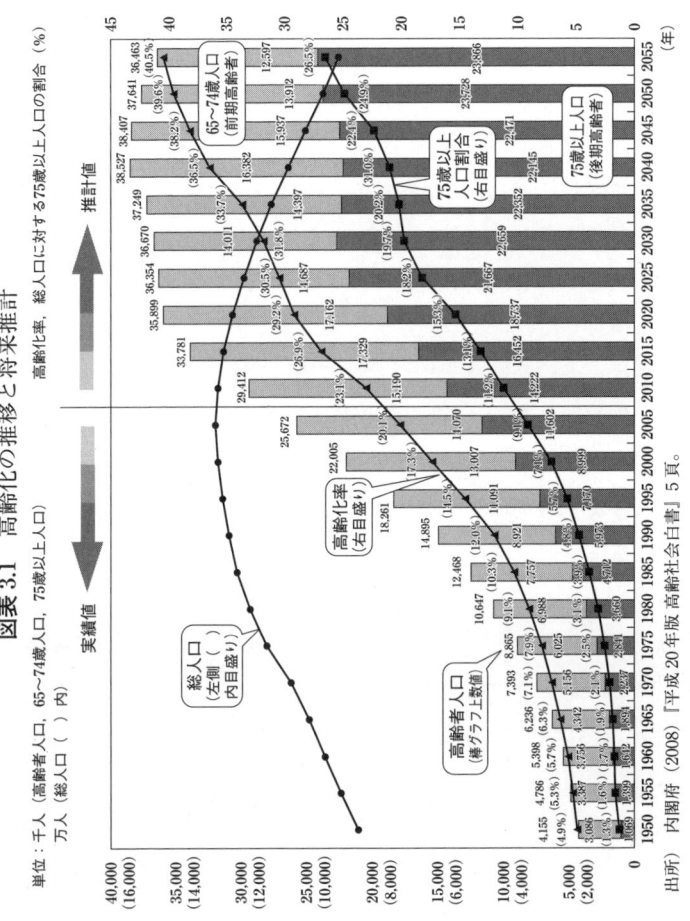

単位：千人（高齢者人口、65〜74歳人口、75歳以上人口）
万人（総人口（ ）内）

高齢化率、総人口に対する75歳以上人口の割合（％）

← 実績値　　推計値 →

出所：内閣府（2008）『平成20年版 高齢社会白書』5頁。

20.1％に伸びる間に，75歳以上人口割合は4.8％から9.1％になっている。さらに，2020年には後期高齢者が1874万人，75歳以上人口割合が15.3％になることが予想されている。

第6に，上記のことをまとめると，20世紀末の1990年代には総人口が伸び悩むなかで高齢者人口は逆に増加速度を強めたので高齢化率が急上昇しており，さらに21世紀に入ると一方で総人口は減少傾向に転じるが他方では高齢者人口はいっそう増加速度を強めるので，高齢化率の増加が急傾斜となる。この動向は，福祉国家システムの主柱である年金制度にとって極めて重要な問題であり，後に詳しく検討したい。

第7に，その高齢者人口のなかでも，75歳以上の後期高齢者の比率が増加しており，特に2020年以降には総人口が減少して高齢者人口も横ばい傾向に転じるなかで後期高齢者の部分だけが伸び続けることが予想される。これは，福祉国家システムのもう一つの主柱である医療保険にとって重要な要因となるので，これも後に詳しく検討しよう。

以上みてきたように，21世紀には年金や医療保険という福祉国家システムに依存する高齢世代が急増するのであり，このことが，21世紀における福祉国家の効率化，合理化，スリム化を要請する根本的な要因といえよう。

本書の第1章でみたように，グローバル化のいっそうの進展にともなって国際競争が激化したので，福祉国家を寛大に運営する経済的な余力が縮小した。[*] 図表3.2で，国民所得と社会保障費の長期的

---

[*] グローバル化による先進国の経済構造や労働編成の全体像については，渋谷博史監修シリーズ「アメリカ・モデル経済社会」（昭和堂）の第1〜3巻『アメリカ・モデルとグローバル化』Ⅰ，Ⅱ，Ⅲを参照されたい。

図表 3.2 社会保障給付費と国民所得

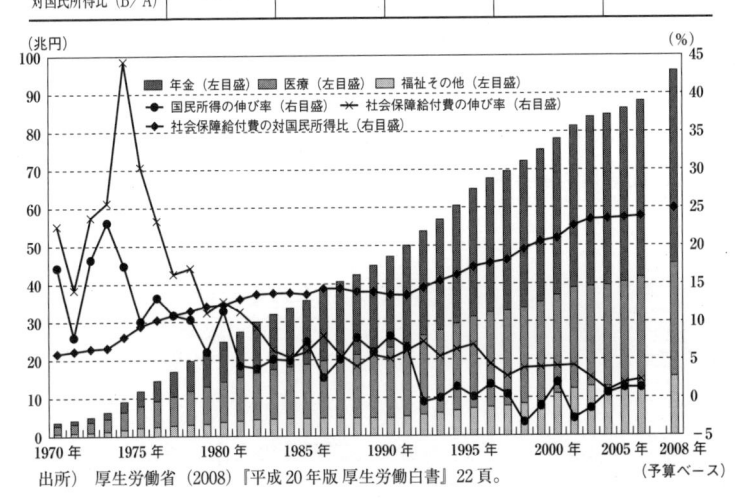

	1970年度	1980年度	1990年度	2005年度	2008年度 (予算ベース)
国民所得額 (兆円) (A)	61.0	203.2	348.3	367.6	384.4
社会保障給付費総額 (兆円) (B)	3.5 (100.0%)	24.8 (100.0%)	47.2 (100.0%)	87.9 (100.0%)	95.7 (100.0%)
(内訳) 年金	0.9 (24.3%)	10.5 (42.2%)	24.0 (50.9%)	46.3 (52.7%)	50.5 (52.8%)
医療	2.1 (58.9%)	10.7 (58.9%)	18.4 (38.9%)	28.1 (32.0%)	29.8 (31.1%)
福祉その他	0.6 (16.8%)	3.6 (16.8%)	4.8 (10.2%)	13.5 (15.4%)	15.4 (16.0%)
社会保障給付費の 対国民所得比 (B/A)	5.77%	12.19%	13.56%	23.91%	24.90%

出所) 厚生労働省 (2008)『平成20年版 厚生労働白書』22頁。

な推移をみておこう。

　第1に，国民所得の伸び率（右目盛り）をみると，1980年代には5％を上下する水準を推移していたが，バブル崩壊後の1990年代以降は0％を上下する水準に低下した。すなわち，20世紀における福

祉国家の立上げと拡充の最重要な条件であった「右肩上がりの経済成長」の基調がなくなったのである。バブル崩壊をきっかけに，グローバル化と国際競争の激化のなかで低成長の基調に変化し，さらにその基調のもとで変動も大きくなり，マイナス成長の年も発生したのである。

第2に，社会保障費の伸びは依然としてプラス基調であるので，「社会保障費の対国民所得比」は1990年の14％から2000年には20％を超える水準に上昇した。21世紀に入って分子の社会保障費の伸びは抑制されるが，他方で分母の国民所得の落ち込みがそれ以上に激しいので，「社会保障費の対国民所得比」は2005年度には24％になっている。

第3に，このような社会保障費の伸びの基本的な要因は年金と医療であり，それは上述の人口の高齢化が基本要因である。* すなわち，1990年代以降の経済悪化のなかにおける社会保障費の膨張は，高齢者のための年金と医療と介護の分野が中心となっていたのである。

3.3 社会保障システムの全体像

ここでは，上でみたように相対的にも絶対的にも膨張し続けている社会保障システムの内容について立ち入ってみたい。図表3.3は，日本の社会保障システムを構成する諸制度の支出をみたものである（2006年度）。

第1に，この社会保障システムが国民に対して提供する給付の実質的な総額は，最下段の「総計」の4つ目の欄である「小計」のと

＊ 1990年度と2005年度を見比べて，医療が社会保障費に占める比重が39％から32％に低下し，福祉その他が10％から15％に上昇しているのは，介護保険の創設にともなって，それまで医療保険によって賄われた介護サービスの部分が，介護保険に回ったためである。

ころにある94兆397億円であり，それは，日本の経済社会の全体規模を表すGDP（国内総生産）の2割の規模である。

第2に，最下段の「総計」の2番目の欄である「合計」の120兆9117億円は，「小計」の94兆397億円に，その右側の欄にある「他制度への移転」の26兆8720億円を加えたものである。「他制度へ移転」とは，この社会保障システムのなかの他制度という意味であり，たとえば，厚生年金保険から他制度への移転12兆174億円は，国民年金制度への移転であり，それは図表3.4「社会保障システムの収入」における国民年金制度の収入のなかの「他制度から移転」という項目の13兆6192億円の一部としてそのなかに入っていくものである。したがって，図表3.3の「他制度への移転」や図表3.4の「他制度からの移転」は，社会保障システム内部の制度間移転であるので，「合計」からそのような重複部分を差し引いた「小計」の数値が，社会保障システムが国民に対して提供する給付の実質的な規模を示すことになる。

第3に，前出図表3.2でみたように，最大の分野は年金であるが，それを図表3.3でみると，最下段の「総計」の6番目の欄「年金」の46兆7893億円で表されている。年金分野で最大の規模は，厚生年金制度の22兆2541億円であり，第2位は国民年金制度の15兆3208億円である。それ以外に第3位が地方公務員等共済組合の4兆3852億円，第4位が国家公務員共済組合の1兆6647億円，第5位が厚生年金基金の1兆5953億円である。

第4に，主たる年金制度である厚生年金制度と国民年金制度を取り上げて，制度間の資金移転をみておこう。厚生年金制度の場合，年金給付22兆2541億円にその他支出1325億円を加えて支出の小

図表 3.3 2006 年度社会保障支出

(単位：百万円)

	収支差	支出合計	他制度への移転	小計	医療	年金	その他
1. 健康保険							
(A)政府管掌健康保険	126,313	7,480,798	3,253,497	4,227,301	3,715,199	0	512,102
(B)組合管掌健康保険	571,211	6,387,301	2,584,216	3,803,084	2,863,248	0	939,836
2. 国民健康保険	213,971	12,785,375	3,225,493	9,559,882	8,100,850	0	1,459,032
退職者医療制度(再掲)	500,404	2,675,154	0	2,675,154	2,675,154	0	0
3. 老人保健	△59,651	10,334,022	0	10,334,022	10,287,416	0	46,606
4. 介護保険	160,383	6,415,934	609	6,415,325	0	0	6,415,325
5. 厚生年金保険	2,854,875	34,404,017	12,017,404	22,386,612	0	22,254,094	132,518
6. 厚生年金基金等	1,750,649	1,750,945	0	1,750,945	0	1,595,335	155,610
7. 国民年金	1,438,791	18,005,531	2,504,052	15,501,479	0	15,320,757	180,722
8. 農業者年金基金等	269,578	227,723	0	227,723	0	207,413	20,310
9. 船員保険	5,454	63,450	25,935	37,514	17,011	0	20,503
10. 農林漁業団体職員共済組合	0	774,185	0	774,185	0	45,701	728,484
11. 日本私立学校振興・共済事業団	107,051	597,140	251,754	345,386	92,135	237,462	15,789
12. 雇用保険	1,538,330	1,878,195	0	1,878,195	0	0	1,878,195
13. 労働者災害補償保険	258,597	1,119,153	0	1,119,153	0	0	1,119,153
14. 児童手当	26,611	884,254	0	884,254	0	0	884,254
15. 国家公務員共済組合	127,809	2,567,458	650,540	1,916,918	214,505	1,664,665	37,748
16. 存続組合等	△108,281	580,405	532,845	47,650	0	42,294	5,266
17. 地方公務員等共済組合	934,168	6,979,304	1,825,661	5,153,643	629,598	4,385,236	138,809
18. 旧令共済組合等	0	11,719	0	11,179	44	3,796	7,879
19. 国家公務員災害補償	0	13,515	0	13,515	0	0	13,515
20. 地方公務員等災害補償	23	31,037	0	31,037	0	0	31,037
21. 旧公共企業体職員業務災害	0	6,745	0	6,745	0	0	6,745
22. 国家公務員恩給	0	34,464	0	34,464	0	34,335	129
23. 地方公務員恩給	0	47,904	0	47,904	0	47,904	0
24. 公衆衛生	0	571,047	0	571,047	399,798	1,781	169,468
25. 生活保護	0	2,674,236	0	2,674,236	1,352,118	0	1,322,118
26. 社会福祉	0	3,253,362	0	3,253,362	190,930	0	3,062,432
27. 戦争犠牲者	0	1,032,522	0	1,032,522	896	948,511	83,115
総　　計	10,215,880	120,911,741	26,872,007	94,039,734	27,863,748	46,789,284	19,386,702

出所）　国立社会保障・人口問題研究所『平成 18 年度 社会保障給付費』第 9 章より作成。

図表 3.4　2006 年度社会保障収入

(単位：百万円)

	収入合計	他制度からの移転	小計	拠出		国庫負担	他の公費負担	資産収入等
				被保険者	事業主			
1. 健康保険								
(A)政府管掌健康保険	7,607,110	290	7,606,821	3,321,768	3,322,741	937,127	0	25,185
(B)組合管掌健康保険	6,958,512	0	6,958,512	2,917,866	3,552,656	7,996	0	479,994
2. 国民健康保険	12,999,346	2,343,183	10,656,163	4,210,293	0	3,641,430	2,383,103	421,337
退職者医療制度(再掲)	3,175,558	2,343,183	832,375	832,375	0	0	0	0
3. 老人保健	10,274,371	5,707,810	4,566,562	0	0	3,045,795	1,520,767	0
4. 介護保険	6,576,317	1,823,885	4,752,432	1,262,074	0	1,458,267	1,889,373	142,718
5. 厚生年金保険	37,258,892	2,582,710	34,676,181	10,491,730	10,491,730	4,870,145	0	8,822,576
6. 厚生年金基金等	3,501,594	86,717	3,414,877	455,914	1,119,918	480	0	1,838,565
7. 国民年金	19,444,322	13,619,195	5,825,127	1,903,806	0	1,888,979	0	2,032,342
8. 農業者年金基金等	497,301	0	497,301	160,145	0	153,458	0	183,698
9. 船員保険	68,904	0	68,904	18,999	43,115	4,193	0	2,597
10. 農林漁業団体職員共済組合	774,185	0	774,185	0	22,946	1,791	0	749,448
11. 日本私立学校振興・共済事業団	704,192	15,694	688,498	252,695	247,343	56,101	7,431	124,928
12. 雇用保険	3,416,525	0	3,416,525	1,226,381	1,765,778	398,132	0	26,234
13. 労働者災害補償保険	1,377,750	0	1,377,750	0	1,032,229	1,242	0	344,279
14. 児童手当	910,865	0	910,865	0	210,108	227,047	470,535	3,175
15. 国家公務員共済組合	2,695,267	235,992	2,459,275	766,699	1,221,209	162,935	0	308,432
16. 存続組合等	472,124	0	472,124	0	456,129	636	0	15,359
17. 地方公務員等共済組合	7,913,472	340,802	7,572,670	2,228,482	3,368,747	3,493	401,994	1,569,954
18. 旧令共済組合等	11,718	0	11,718	0	230	11,293	0	195
19. 国家公務員災害補償	13,515	0	13,515	0	13,515	0	0	0
20. 地方公務員等災害補償	31,060	0	31,060	0	27,344	0	0	3,716
21. 旧公共企業体職員業務災害	6,745	0	6,745	0	6,745	0	0	0
22. 国家公務員恩給	34,464	0	34,464	0	34,335	129	0	0
23. 地方公務員恩給	47,904	0	47,904	0	47,904	0	0	0
24. 公衆衛生	571,047	0	571,047	0	0	434,088	136,960	△1
25. 生活保護	2,674,236	0	2,674,236	0	0	2,006,227	668,009	0
26. 社会福祉	3,253,362	0	3,253,362	0	0	1,526,745	1,726,617	0
27. 戦争犠牲者	1,032,522	0	1,032,522	0	0	1,032,522	0	0
総　計	131,127,621	26,756,278	104,371,344	29,216,854	26,984,723	21,870,251	9,204,788	17,094,728

出所)　図表 3.3 と同じ。

計が22兆3866億円であるが、さらに「他制度への移転」が12兆174億円もあり、支出合計では34兆4040億円の規模となる。また収支差という項目は、図表3.4にある厚生年金制度の収入合計37兆2589億円から図表3.3にある支出合計34兆4040億円を差し引いたものであり、年金制度としての積立金の積み増し分ということになる。

図表3.3の厚生年金制度の支出における「他制度への移転」12兆174億円は、国民年金制度で運用される基礎年金への繰り入れであり、それは、図表3.4の国民年金制度の収入における「他制度からの移転」13兆6192億円のなかに入っていくものである。国民年金制度の基礎年金の財源となる制度間移転は、地方公務員等共済組合や国家公務員共済組合からもおこなわれている。

第5に、2番目に大きな分野は医療等であり、図表3.3の最下段の「総計」の5番目の欄をみると、全体で27兆8637億円の規模である。一番大きいのは老人保健制度の10兆2874億円であり、第2位は国民健康保険の8兆1009億円であり、第3位は政府管掌健康保険の3兆7152億円、第4位は組合管掌健康保険の2兆8632億円である。ただし、国民健康保険のなかには退職者医療制度の2兆6752億円が含まれているので、それを除くと現役世代および扶養家族の医療給付は5兆4257億円となる。

すなわち、日本の医療保険のなかで、退職後世代のための老人保健制度や退職者医療制度が大きな比重を占めており、その二つの合計が12兆9626億円であり、それは全体の医療給付額27兆8637億円の46.5％を占めている。残りの半分強のなかでは、国民健康保険のなかの現役世代（自営業者等）の部分や、中小企業の労働者向け

の政府管掌健康保険や，大企業の労働者向けの組合管掌健康保険や，さらには地方公務員等共済組合や国家公務員共済組合の医療給付も含まれている。

また，退職後世代のための老人保健制度や退職者医療制度に対して，現役世代の医療保険から資金移転がおこなわれており，それが，図表3.3の国民健康保険や政府管掌健康保険や組合管掌健康保険の支出における「他制度への移転」の3兆2255億円と3兆2535億円と2兆5842億円である。これらの資金が，図表3.4の老人保健制度と退職者医療制度の収入における「他制度からの移転」の5兆7078億円と2兆3432億円のなかに入るのである。*なお，これらの老人保健制度と退職者医療制度には，国や地方公共団体から租税資金も投入されるが（図表3.4の「国庫負担」と「他の公費負担」），それらの詳細については第4章で検討されることになっている。

第6に，図表3.4にみるように，表の下の方にある4つの制度（公衆衛生，生活保護，社会福祉，戦争犠牲者）は，国および地方公共団体の租税資金を財源としており，年金および医療部門の社会保険のように被保険者や事業主（雇用者）の社会保険料の拠出で賄われるものとは本質的に異なるものである。

逆にいえば，それらの4制度の支出の合計の7兆5310億円は，社会保障全体の支出小計（制度間移転の重複分を差し引いた純計）の94兆397億円に占める比重は8.0％にすぎないので，日本の社会保障システムは主として年金・医療分野の社会保険で構成されているといえよう。

---

*これらの医療保険制度からの「他制度への移転」には，図表3.4における介護保険の収入の「他制度から移転」（1兆3432億円）に向かう部分も含まれている。

第7に，その年金・医療分野の社会保険は，図表3.3にみるように，いくつかの制度に分立しているという特徴がある。すなわち，日本の社会保障システムの最大の特徴である皆年金・皆保険は，分立するいくつかの制度によって成り立っているのである。その点についても，本章の次節や次の第4章で詳しく検討することにしたい。

第8に，年金や医療の主要分野以外の「その他」に含まれる分野の総計は19兆3867億円（最下段「総計」の7番目の欄）であるが，主として，介護保険の6兆4153億円，雇用保険の1兆8782億円，労働者災害補償保険の1兆1192億円という社会保険のほかに，生活保護の1兆3221億円，社会福祉の3兆624億円から構成されている。

3.4　社会保障システムの財源

次に図表3.4で，社会保障システムの収入の全体構造をみよう。

第1に，社会保障システムの全体が，図表3.3でみた給付をおこなうために，日本の個人や企業から徴収する保険料や，政府部門から租税資金を受け入れるかたちで集める資金の実質的な全体規模を表わすのは，最下段の「総計」の3番目の欄である「小計」の104兆3713億円である。先に述べたように2番目の欄にある「他制度からの移転」の26兆7563億円は，社会保障システム内部の制度間の財政調整であり，そのような重複分を収入総計（1番左の欄）の131兆1276億円から差し引いた「小計」が，社会保障システムの外部からの収入の実質的な規模を表わしている。

第2に，図表3.4における収入小計の104兆3713億円は，図表3.3における支出小計の94兆397億円をかなり上回っており，その

収支差の黒字10兆2159億円（図表3.3の左端の欄）は，それぞれの社会保険の積立金の増加分を表わしているが，主として厚生年金，厚生年金基金等の年金制度における積立金である。

第3に，収入面の主項目に立ち入ってみよう。拠出には被保険者本人が保険料として負担する部分と，事業主（雇用主）が保険料として負担する部分がある。医療保険のなかの政府管掌健康保険（中小企業等）や組合管掌健康保険（大企業等），年金の厚生年金保険や厚生年金基金，医療保険と年金を管理運営する各種の共済組合の場合には，被用者と雇用主の双方が保険料を拠出するが，国民健康保険や国民年金（自営業者の第1号被保険者のみを国民年金で計上して，被用者及びその配偶者の第2号及び第3号被保険者は厚生年金等の被用者年金に計上している）*の場合には，雇用主が存在しないので，被保険者本人の拠出する保険料のみである。

第4に，そのように雇用主の拠出のない場合には年金制度あるいは医療保険制度として財政的に弱いので，その分だけ，国（「国庫負担」の項目）及び地方公共団体（「他の公費負担」の項目）から租税資金が厚く投入されている。たとえば，医療保険の分野では，大企業等の組合管掌健康保険，中小企業等の政府管掌健康保険，自営業者無職者等の国民健康保険の順番で財政基盤が強いので，租税資金の投入は，国民健康保険，政府管掌健康保険，組合管掌健康保険の順に厚くなっている。

国民健康保険の収入の小計12兆9993億円のなかで租税資金の投入分（「国庫負担」及び「他の公費負担」）は，それぞれ3兆6414億

＊国民年金では自営業者が第1号被保険者，被用者及びその配偶者は第2号及び第3号被保険者となっており，後に詳述する。

円と 2 兆 3831 億円である。それらの租税資金を合計すると 6 兆 245 億円となり,それは,収入合計の 12 兆 9993 億円の 46％となる。ちなみに国民健康制度への「他制度からの移転」2 兆 3432 億円が合計に占める比重を算出すると 18％であり,被保険者本人の社会保険料拠出の比重は 32％である。すなわち,財政的に弱い国民健康保険の場合には,国や地方公共団体からの租税資金の投入に加えて,財政的に強い政府管掌健康保険や組合管掌健康保険からの資金移転が財源のなかで大きな比重を占めているのである。

このように,日本の社会保険システムの財源として,加入者本人や雇用主から徴収される社会保険料に加えて,租税資金が複雑なルートを経て投入されており,それが,結果的には,さまざまな経済格差を緩和する役割を果たしてきたのである。*

3.5 年金システム

日本の社会保障システムの主要の分野のなかで,医療保険や介護保険については次の第 4 章で詳細に検討する予定なので,ここではもう一つの主要分野である年金システムについて検討しておこう。**

本章の冒頭で述べたように,戦後日本の福祉国家を根本的に規定するのは日本国憲法であり,特に第 25〜27 条によって,国民は「健康で文化的な最低限度の生活を営む権利」(第 25 条) を有すると

＊租税資金が社会保険に投入される複雑なルートについては,渋谷博史編 (2008)『日本の福祉国家財政』学文社,第 3 章と第 4 章を参照されたい。

＊＊3.5 および 3.6 における年金の記述は,本シリーズ「21 世紀の福祉国家と地域」第 1 巻『福祉国家と地域と高齢化』学文社,第 3 章年金保険 (渋谷博史) をもとにして,21 世紀の年金制度の問題点を簡潔に提示するものであり,年金制度の詳細については同論文を参照されたい。

同時に，教育（第26条）と勤労（第27条）の権利と義務を負うのである。

そしてこれらの規定にもとづく福祉国家を実現するには，国民の権利であるとともに義務である勤労のための就労機会が，最重要な前提条件となる。

日本の福祉国家の中軸となる年金と医療保険の社会保険は，その勤労のための就労機会を基盤として構築されている。企業に雇用される労働者は，企業が雇用主として義務づけられている社会保険の業務を通して，厚生年金や政府管掌医療保険や組合管掌保険に加入することが義務となっており，また公務員も国家公務員共済組合や地方公務員等共済組合の年金および医療保険に加入することが義務となっている。雇用主をもたない自営業者等も，国の運営する国民年金や地方公共団体が運営する国民健康保険に加入することを義務づけられている。

基本的に，日本の国民はこのようにして自分の職業や雇用関係をベースとして年金および医療保険に加入するかたちで，日本の全体の皆年金・皆保険が実現している。さらに重要なことに，その勤労・就労を通して稼ぐ所得から社会保険料を拠出することが，受給の権利の基礎条件となっている。強制加入であるが，所定の条件で社会保険料を拠出・納付していないと，受給が保障されないのである。

後に詳しくみるように，それぞれの年金制度や医療保険で社会保険料の算定式が異なるが，自分の加入する制度で決められている社会保険料を拠出・納付した記録がないと，無年金や無保険になるのである。また，年金制度の場合には，現役期の拠出・納付の期間が短い場合には退職後の年金給付額が減額される。

すなわち，法制度として強制加入で皆年金・皆保険のシステムが

あるといっても、実質的にはそれぞれの個人が長い人生のなかで勤労・就労による持続的な所得を稼ぐことと、その所得から社会保険料を拠出・納付し続けるということが、給付を確かなものにする根拠となるのである。20世紀後半の長期的な経済成長が持続した時期には、寛大な年金や医療保険の給付を予定する福祉国家が可能であったが、バブル崩壊後の1990年代以降では、右肩上がりの経済基調が期待できないことに加えて急速な人口高齢化が予想されるの

コラム3　年金の保険料と給付額

国家によって運営される年金システムは、基本的に賦課方式であり、それぞれの時点における現役世代が拠出する年金保険料が、その時点の退職高齢者への年金給付の財源となる。そして、その現役世代が退職高齢者になるときに、自分の現役期における年金保険料の拠出記録が根拠となって、年金の受給権が付与され、年金給付額も決定される。ということは、現時点の高齢者の年金受給は、かつての現役期の拠出記録が根拠となっている。

現役労働者の年金保険料は、勤務先から受け取る現時点の報酬（賃金、給料、俸給、手当、賞与、その他に労務の対償として受けるもの）に保険料率を乗じて算出され、それを、被保険者本人と事業主（雇用主）がそれぞれほぼ半分ずつ負担している。

他方、退職世代の年金受給額は、数十年の現役期の拠出記録にもとづいて算定されるが、インフレ等の原因によって数十年も前の報酬の金額は今の報酬の金額と価値が異なるので、すなわち数十年前の1万円と今の1万円は価値が異なるので、年金給付額を決めるときには、過去の報酬の金額を今の金額に換算し直すのである。その換算の計算では、賃金上昇率が使われる。これを賃金スライドと呼ぶ。それで確定した年金額についての受給権は、基本的には、固定的である。しかし、その給付額は毎年の物価上昇率に応じて調整され、これを物価スライドと呼ぶ。

で，社会保険料の基礎となる個人所得の伸びが停滞し，さらに社会保険料を補塡する財源となる租税資金も伸びが期待できない。

このような20世紀型の寛大な福祉国家から，21世紀の厳しい状況に対応する福祉国家への転換の必要性という問題意識をもちつつ，年金制度を検討しよう。

日本の年金システムは，図表3.5（2007年3月）にみるように，1階の国民年金制度（基礎年金）と2階の被用者年金（厚生年金制度，共済組合等）と3階の付加給付で構成される3階建ての構造である。*

1階部分の国民年金制度は，原則的に全ての国民が加入し，基礎的な給付（基礎年金）をおこなうものである。2階部分の被用者年金は，（企業や政府等に雇用される）被用者に対して，基礎年金に上乗せして，「報酬比例の年金」を給付する制度であり，民間被用者を対象とした厚生年金保険と，公務員等を対象とした共済年金（国家公務員共済組合，地方公務員等共済組合，私立学校教職員共済組合等）

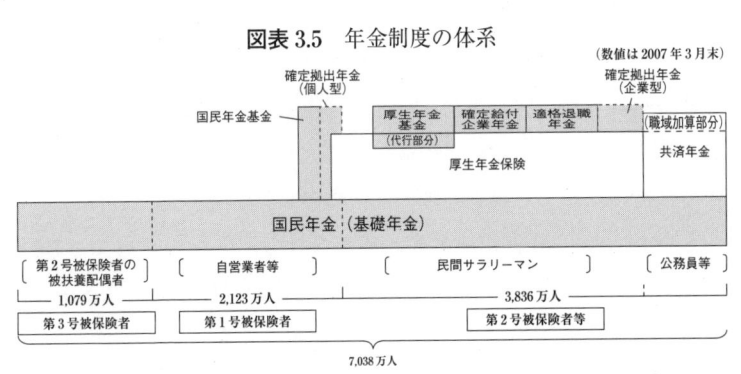

図表3.5　年金制度の体系

（数値は2007年3月末）

第3号被保険者	第1号被保険者	第2号被保険者等	
第2号被保険者の被扶養配偶者	自営業者等	民間サラリーマン	公務員等
1,079万人	2,123万人	3,836万人	

国民年金（基礎年金）／国民年金基金／確定拠出年金（個人型）／厚生年金基金（代行部分）／確定給付企業年金／適格退職年金／厚生年金保険／確定拠出年金（企業型）／職域加算部分／共済年金

合計 7,038万人

出所）厚生労働省（2008）『平成20年版 厚生労働白書』111頁。

＊本項における制度の説明は主として次の文献に依拠している厚生統計協会（2008）『保険と年金の動向』，厚生労働省（2008）『平成20年版 厚生労働白書』，渋谷博史編（2008）『日本の福祉国家財政』学文社，第3章及び第4章。

がある。3階部分の付加給付は、主として被用者年金の厚生年金や共済組合において、2階部分にさらに上乗せしておこなわれるものであり、厚生年金基金や確定給付企業年金や適格退職年金や、共済年金の職域加算部分があり、被用者年金以外では国民年金基金もある。

3.6　年金システムの問題点

コラム4にみるように、厚生労働省 (2008)『平成20年版 厚生労働白書』は、現在の日本の年金システムが、退職世代の主たる収入手段となって、生活を支えており、そのことが、「現役世代が親の経済的な心配をせずに安心して生活できることに寄与している」と述べている。

そしてその背景として、「都市化、核家族化の進展とともに、子どもによる老親の扶養が公的年金により代替されてきた」という経済社会の大きな構造変化を指摘している。戦後日本における長期的な経済成長によって、一方で「豊かな社会」が形成されたが、他方で経済発展の地域的な不均衡、非大都市圏から大都市圏への若年労働力を中心とする現役世代の流出、非大都市圏の衰退、過疎化等が生じ、そのなかで家族や地域の共同体の解体が進んだ。[*]

したがって、20世紀後半の「豊かな社会」のなかで構築された年金システムは、その家族や地域の共同体の解体という状況下で、退職世代の扶養を社会的におこなう仕組みであった。しかし、21世紀に入ると年金システムを取り巻く諸条件が悪化しており、その

---

[*] 戦後日本の経済成長と社会変化については次の文献を参照されたい。本シリーズ「21世紀の福祉国家と地域」第1巻『福祉国家と地域と高齢化』学文社、第1章（渋谷博史）

合理化，効率化，スリム化が切実に要請されている。

次に，資源節約的な経済社会に整合するように年金システムの膨張圧力を抑制する仕組みについてみておこう。

第1の抑制の仕組みは，図表3.8にみるような年金受給の開始年齢の引き上げである。1994年の制度改革によって，1階部分の基礎年金について3年ごとに1歳ずつ引き上げることになった。1941

コラム4　寛大な年金制度の光と影

厚生労働省（2008）『厚生労働白書』（9〜10頁）は「国民の高齢期の生活の主柱である公的年金」について，以下のように述べている。

高齢期の所得保障として，老齢年金がある。公的年金制度は，現役世代が納める保険料により現在の高齢者の年金給付を賄うという世代間扶養の仕組みによって成り立っているため，賃金や物価に応じて給付額を調整して高齢期の生活の支えとして実質的に価値ある水準の年金を支給することができるとともに，受給権者が亡くなるまでの間，終身にわたって年金支給が保障されることとなっていることから，国民の高齢期の生活の主柱となっている。実際に，高齢者世帯（65歳以上の者のみで構成するか，又はこれに18歳未満の未婚の者が加わった世帯をいう。）の年金受給状況をみると，所得（2005（平成17）年では平均301.9万円）の約7割を年金が支えており，約6割の高齢者世帯はほとんど年金だけ生活している（図表3.6）。

老齢年金については，都市化，核家族化の進展とともに，子どもによる老親の扶養が公的年金により代替されてきたという効果にも留意することが必要である。図表3.7は，公的年金の給付水準と，65歳以上の者のいる世帯のうち三世代世帯および65歳以上の者のみの世帯の割合の推移をみたものであるが，三世代世帯が低下し，65歳以上の者のみの世帯は増加している一方，公的年金の給付水準は充実してきている。親との同居は減ってきているが，年金給付の存在が，現役世代が親の経済的な心配をせずに安心して生活できることに寄与していることがわかる。

年4月1日以前に生まれた男性の場合には，60歳になった時点で1階部分（基礎年金）も2階部分（報酬比例年金）も受給できたが，1941年4月2日〜1943年4月1日に生まれた男性の場合には，1階部分は61歳から，2階部分は60歳からとなり，そして3年ご

図表3.6 高齢者世帯の公的年金の受給状況

[左円グラフ：高齢者世帯の平均所得 301.9万円]
- その他の所得 5.7%
- 公的年金・恩給以外の社会保障給付金 0.8%
- 財産所得 5.2%
- 稼働所得 18.0%
- 公的年金・恩給 211.9万円（70.2%）

[右円グラフ：公的年金・恩給が総所得に占める割合]
- 20%未満 2.5%
- 20〜40%未満 6.7%
- 40〜60%未満 8.8%
- 60〜80%未満 11.8%
- 80〜100%未満 10.3%
- すべてが公的年金・恩給 59.9%

出所）図表3.5と同じ，10頁。

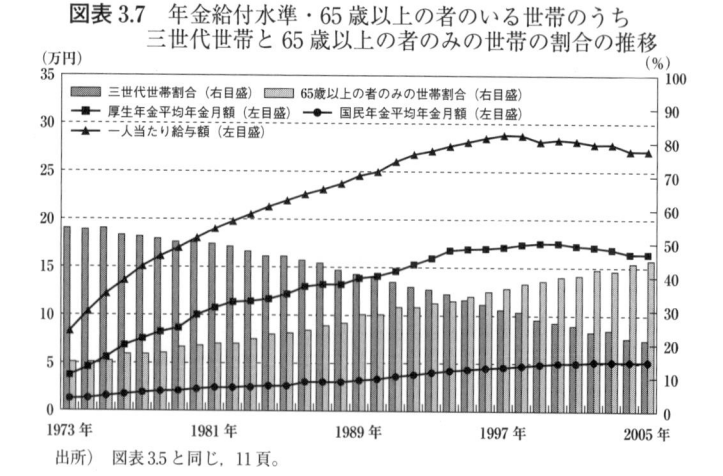

図表3.7 年金給付水準・65歳以上の者のいる世帯のうち三世代世帯と65歳以上の者のみの世帯の割合の推移

[グラフ：1973年〜2005年]
- 三世代世帯割合（右目盛）
- 65歳以上の者のみの世帯割合（右目盛）
- 厚生年金平均年金月額（左目盛）
- 国民年金平均年金月額（左目盛）
- 一人当たり給与額（左目盛）

出所）図表3.5と同じ，11頁。

とに開始年齢が1歳引上げられるので，1949年4月2日以降に生まれた男性は，1階部分が65歳から，2階部分が60歳からとなった。女性の場合には，上記の男性の開始年齢引き上げのスケジュールを5年遅れで追いかける形に設定された。

さらに2000年の改革によって，1階部分は65歳開始に固定されたままであるが，2階部分の受給開始年齢も引き上げられるようになった。1953年4月2日～1955年4月1日に生まれた男性の場合，2階部分の受給開始が61歳に引上げられた。そして3年ごとに開始年齢が1歳引上げられるので，1961年4月2日以降に生まれた男性は，2階部分の受給開始が65歳からとなる。女性の場合には，

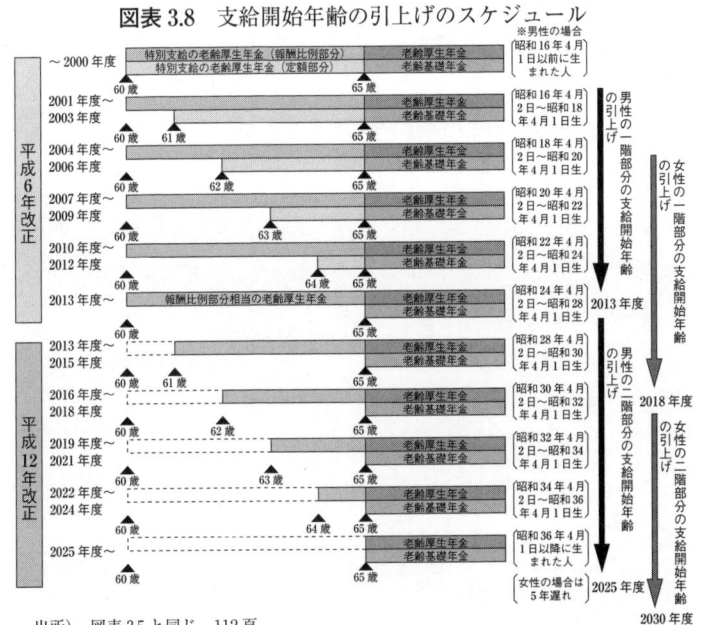

図表3.8　支給開始年齢の引上げのスケジュール

出所）図表3.5と同じ，112頁。

上記の男性の開始年齢引き上げのスケジュールを5年遅れで追いかけるかたちで設定され，2030年度に1966年4月2日以降に生まれた女性の2階部分の受給開始が65歳となることとなる。

年金システムを抑制する第2の仕組みは，保険料水準の固固定とマクロ経済スライドである（図表3.9）。先に述べたように，退職世代の年金給付は退職時点に算定されてから固定されると，市場経済における変動リスクはすべて現役世代が引き受けることになる。特に1990年代以降の右肩下がりの基本傾向のなかで以前よりも変動リスクが増大して，しかも所得格差も拡大する状況下では，現役世代の可処分所得は20世紀よりもかなり悪い状態になる人びとが増加したはずである。

それゆえに，20世紀の繁栄の時代の拠出記録をベースに算定された年金の給付水準を，21世紀の悪化する経済状況のなかで維持することは，現役世代の所得に占める年金保険料負担の比重を増加させる危険がある。また，年金給付の財源のなかで租税資金の投入の比重を3分の1から2分の1に増したとしても，結局はその租税資金の多くは現役世代の負担となる。

図表3.9 将来の保険料水準の固定

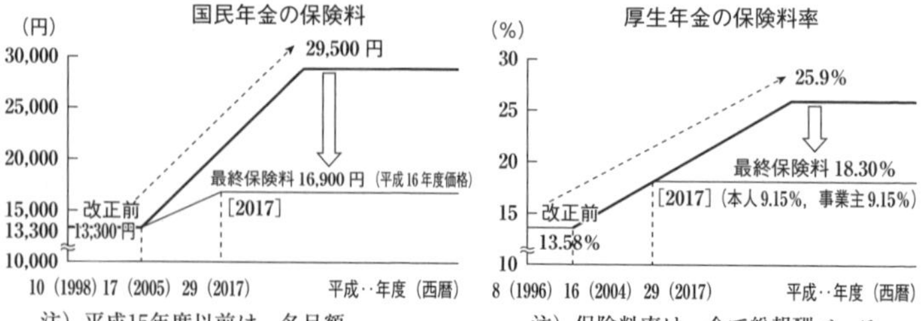

注）平成15年度以前は，名目額。
出所）図表3.5と同じ，113頁。

注）保険料率は，全て総報酬ベース。

21世紀における日本経済全体のリスクを，退職世代にも負担してもらう仕組みとして，現役世代の年金保険料をある水準で固定しておいて，それで賄える範囲に，退職世代の年金受給額を調整するというのである。2004年の改革によって，図表3.9にみるように，第1に最終的な保険料水準を厚生年金で18.30％，国民年金で1万6900円（2004年度価格）に固定し，第2に被保険者数の減少などの条件変化に応じて，第3に給付水準を自動的に調整する仕組み（マクロ経済スライド）を導入している。[*]

　最後に取り上げるのは，年金システムを抑制するというよりは，20世紀型の寛大な年金システムに代替する新しい政策として高齢者の就労機会の拡大を通して，結果的に年金システムへの依存を減らす方向の政策転換である。

　周知のように，21世紀には少子高齢化の進行のもと，人口全体に占める現役世代の比重が急速に低下する傾向が続くので，経験・技能の蓄積を有する高齢者層の就労継続が，各企業においても必要であり，またそれぞれの地域社会の再生においても活用されるべきであろう。おそらく，高齢者層の技能や能力を活用することは，第1に福祉国家への依存を減らすのみではなく，第2に，日本の経済社会全体の生産力の低下を防いで国際競争力を維持するという積極的な意義があり，さらに第3に，21世紀の地方分権型の「小さな政府」に向かうプロセスで，地域社会の再活性化のためにも有用な人的資源を提供することにもなろう。　　　　　（渋谷博史）

---

[*]この仕組みによって，2023（平成35）年度以降には，標準的な年金の給付水準は，現役サラリーマン世帯の平均的所得の50.2％となるものと見込まれている（『厚生労働白書』2008年，113頁）。

第4章 日本の社会保険と地域
:21世紀の医療保障と介護保障

本章では，日本の医療保険制度と介護保険制度を地域の視点から考察し，それらの制度が担っている役割を明らかにするとともに，グローバル化と少子高齢化という大きな流れのなかで求められている再編の方向性について検討する。[*]

4.1 少子高齢化とグローバル化と医療と介護

第3章で述べられているように，日本では少子高齢化とグローバル化が同時に進んでおり，20世紀には存在しなかった条件のもとで日本の福祉国家の再編が進められようとしている。それは日本の福祉国家の中核をなす年金・医療・介護の社会保険にもあてはまることであり，少子化と子育ての困難な環境という経済にとっても社会にとっても厳しい状況が続くなかで，まもなくやってくる高齢社会にふさわしい社会保険のシステムに作り変えることが求められている。

医療保険制度と介護保険制度という社会保険の役割と再編について検討する前に，医療費と介護費の膨張というトレンドについて確認しておこう。

＊本章は，本シリーズの第1巻『福祉国家と地域と高齢化』学文社の第3章「医療保険」（渋谷博史）と第4章「介護保険制度と地域」（櫻井潤）をベースとして，櫻井がデータ等のアップデートも含めて大幅に加筆修正したものである。

1 医療費と介護費の膨張

(1) 高齢化の進行と国民医療費

第1に,図表4.1は,2007年度における国民医療費の規模を年齢階層別に整理したものである。国民医療費とは,一国で1年間に提供された医療サービスの費用の合計であり,日本では厚生労働省が国民医療費に含まれる医療サービスの内容を定めている。日本の人口は約1.3億人であり,国民医療費の総額は約33.1兆円なので,国民1人当たり平均で約26万円が費やされている。さらに詳しくみると,人口に占める65歳以上の高齢者の比重が20.8%である一方で,これらの高齢者だけで国民医療費の51.7%を使っている。65歳以上の高齢者には,1人当たり平均で約80万円もの国民医療費がかかっており,65歳未満の現役世代の約16万円に比べてかなり高額である。

さらに注目すべきなのは,75歳以上の後期高齢者に費やされた国民医療費の比重の大きさである。65歳以上の高齢者のうち,65歳から74歳の者は「前期高齢者」であり,75歳以上の者は「後期高齢者」と呼ばれている。人口に占める後期高齢者の比重は9.5%であり,前期高齢者の11.3%に比べると1.8ポイント小さい。ところが,後期高齢者によって費やされた国民医療費は総額の29.2%を占めており,前期高齢者の22.5%よりも6.7ポイントも大きい。

高齢者は現役世代に比べて病気や怪我をしやすく,しかもいったん病気や怪我になると,それなりに生活できるようになるまでに相対的に多くの医療サービスが必要になる。21世紀の半ばまでは,高齢化がいっそう進むことで後期高齢者の比重が増えていく。それゆえに,このままの状態が続けば,医療費はいっそう膨張するであ

図表 4.1　年齢階層別の国民医療費（2007 年度）

		65 歳未満				65 歳以上			合計
		0〜14歳	15〜44歳	45〜64歳	小計	65〜74歳	75歳以上	小計	
人口	人口（千人）(A)	17,434	48,649	35,081	101,164	14,438	12,166	26,604	127,770
	構成比（%）	13.6	38.1	27.5	79.2	11.3	9.5	20.8	100.0
国民医療費	国民医療費(億円)(B)	22,134	47,719	90,190	160,043	74,498	96,735	171,233	331,276
	構成比（%）	6.7	14.4	27.2	48.3	22.5	29.2	51.7	100.0
	1人当たり国民医療費（千円）(B/A)	127.0	98.1	257.1	158.2	516.0	795.1	643.6	259.3

出所）厚生労働省「平成 19 年度国民医療費の概況」(http://www.mhlw.go.jp/za/0902/d01/d01.html) より作成。

ろう。

　第 2 に，高齢者の医療費が実際にはどのような種類の費用に充てられているのかを，国民医療費を診療種別に示した図表 4.2 を用いて考察する。主な費目は入院の費用と入院外（以下「外来」）の費用であり，これらの費用の合計は国民医療費の約 4 分の 3 を占めている。これを年齢別にみると，65 歳未満の人びとに費やされた入

図表 4.2　主な診療種類別の国民医療費（2007 年度）

(億円，%)

		65 歳未満				65 歳以上			合計
		0〜14歳	15〜44歳	45〜64歳	小計	65〜74歳	75歳以上	小計	
国民医療費と構成比	入院	4,879 (1.4)	13,017 (3.8)	29,462 (8.6)	47,358 (13.9)	29,000 (8.5)	49,774 (14.6)	78,774 (23.1)	126,132 (36.9)
	入院外	11,183 (3.3)	20,923 (6.1)	35,981 (10.5)	68,087 (19.9)	29,661 (8.7)	32,539 (9.5)	62,200 (18.2)	130,287 (38.2)
	歯科	1,939 (0.6)	6,773 (2.0)	8,413 (2.5)	17,125 (5.0)	4,659 (1.4)	3,211 (0.9)	7,870 (2.3)	24,996 (7.3)
	薬局調剤	5,187 (1.5)	8,547 (2.5)	14,968 (4.4)	28,702 (8.4)	11,239 (3.3)	11,280 (3.3)	22,519 (6.6)	51,222 (15.0)
	その他	82 (0.0)	659 (0.2)	1,908 (0.6)	2,649 (0.8)	2,036 (0.6)	4,089 (1.2)	6,125 (1.8)	8,723 (2.6)
	合　計	23,270 (6.8)	49,919 (14.6)	90,732 (26.6)	163,921 (48.0)	76,595 (22.4)	100,893 (29.6)	177,488 (52.0)	341,360 (100.0)

出所）図表 4.1 と同じ。

図表 4.3 傷病分類別の一般診療医療費（2007年度）

(億円, %)

		65歳未満				65歳以上			合計
		0～14歳	15～44歳	45～64歳	小計	65～74歳	75歳以上	小計	
一般診療医療費と構成比	循環器系の疾患	137 (0.1)	1,648 (0.6)	12,113 (4.7)	13,898 (5.4)	14,500 (5.7)	25,955 (10.1)	40,455 (15.8)	54,353 (21.2)
	新生物	338 (0.1)	2,676 (1.0)	10,226 (4.0)	13,240 (5.2)	9,081 (3.5)	8,395 (3.3)	17,476 (6.8)	30,716 (12.0)
	腎尿路生殖器系の疾患	207 (0.1)	2,940 (1.1)	7,388 (2.9)	10,535 (4.1)	5,477 (2.1)	5,376 (2.1)	10,853 (4.2)	21,389 (8.3)
	呼吸器系の疾患	6,055 (2.4)	3,954 (1.5)	2,716 (1.1)	12,725 (5.0)	2,507 (1.0)	5,959 (2.3)	8,466 (3.3)	21,191 (8.3)
	精神および行動の障害	232 (0.1)	4,247 (1.7)	6,871 (2.7)	11,350 (4.4)	4,072 (1.6)	3,955 (1.5)	8,027 (3.1)	19,378 (7.6)
	その他	9,094 (3.5)	18,474 (7.2)	26,129 (10.2)	53,697 (20.9)	23,023 (9.0)	32,673 (12.7)	55,696 (21.7)	109,391 (42.7)
合計		16,063 (6.3)	33,939 (13.2)	65,443 (25.5)	115,445 (45.0)	58,660 (22.9)	82,313 (32.1)	140,973 (55.0)	256,418 (100.0)

出所）図表 4.1 と同じ。

院と外来の費用が国民医療費の約3分の1であるのに対して，65歳以上の高齢者のそれは41.3%にも上る。

入院と外来の費用を高齢者について詳しくみると，前期高齢者の医療費の比重が17.2%であり，これも大きな比重であるが，後期高齢者のそれは最も大きく国民医療費の4分の1近くを占めている。特に，後期高齢者に費やされた入院費用は国民医療費の14.6%を占めており，加齢とともに入院費用が増加することがみてとれる。入院費用は，加齢にともない入院の回数が増えるだけでなく，入院1回当たりの入院日数が増えていくことでも増加する。

このように，高齢者の医療費は主に入院と外来の費用に使われており，特に後期高齢者の割合が突出して高い。

第3に，図表4.3を用いて，国民医療費のうち入院と外来の費用を合計した指標である一般診療医療費を傷病分類別に考察する。最

も多額の医療費を要する疾患は、高血圧に代表される「循環器系の疾患」であり、医療費の21.2％が充てられている。二番目はがんなどの「新生物」で医療費の12.0％を占めており、その他にも「腎尿路生殖器系の疾患」や「呼吸器系の疾患」などに多額の医療費が使われている。

これらの主な疾患別の医療費を年齢別に分析してみよう。65歳以上の高齢者が医療費の多くを使っていることはすでに述べたとおりであるが、その医療費は具体的には「呼吸器系の疾患」や「新生物」などの傷病の治療費であり、それぞれ医療費の15.8％と6.8％にも上る。すなわち、高血圧という病気は加齢とともに増加する傾向にあり、がんも高齢者に多いので、現役世代の人びとよりも多くの医療費が使われているのである。高齢者が抱える他の主な疾患には、糖尿病を中心とする「内分泌、栄養及び代謝疾患」や「筋骨格系及び結合組織の疾患」などがあり、これらの疾患に対する医療行為にも、相対的に多額の医療費が使われている。

以上のように、高齢化の進行は高齢者の医療費の膨張をもたらすのである。現在のような高齢者の健康状態や高齢者医療の状況などが変わらないとすれば、医療費はいっそう膨張していくであろう。

(2) 要介護者の増加と介護給付費

次に、介護保険制度の給付費についてみることで、高齢化の進行にともない介護費が膨張していくことを明らかにする。以下では、統一的な分析をおこなうために、2007年度の第1号被保険者に関する実績についてみてみる。

第1に、図表4.4に示されるように、第1号被保険者は約2750万人である。そのうち、要介護認定を受けて要支援または要介護の

状態にあると認定された「要介護認定者」は約440万人であり，その人数を第1号被保険者数で除した「要介護認定率」は15.9%である。これを前期高齢者と後期高齢者に分けてみると，前期高齢者の要介護認定率が4.4%にすぎないのに対して，後期高齢者のそれは29.1%であり，前期高齢者に比べて24.7ポイントも高い。

図表 4.4 年齢階層別の第1号被保険者数と要介護認定者数（2007年度）

（千人，%）

	65～74歳	75歳以上	合計
第1号被保険者数（A）	14,708	12,804	27,512
要介護認定者数（B）	648	3,730	4,378
要介護認定率（B/A）	4.4	29.1	15.9

＊第1号被保険者に関する数値。
出所）厚生労働省「平成19年度介護保険事業状況報告」(http://www.mhlw.go.jp/topics/2009/06/tp0624-1.html) より作成。

第2に，図表4.5を用いて，要介護認定者数を要介護度ごとに分けて考察する。はじめに，すべての要介護認定者のうち，経過的要介護を含む要支援と要介護1に認定された者を相対的に「軽度の要介護者」と定義して，要介護4または要介護5に認定された者を相対的に「重度の要介護者」としよう。軽度の認定者は要介護認定者

図表 4.5 年齢階層別の要介護認定者数とその構成（2007年度）

（人，%）

		65～74歳	75歳以上	合計
要介護認定者数と構成比	経過的要介護	242 (0.0)	1,439 (0.0)	1,681 (0.0)
	要支援1	86,100 (13.3)	454,986 (12.2)	541,086 (12.4)
	要支援2	100,862 (15.6)	505,032 (13.5)	605,894 (13.8)
	要介護1	104,074 (16.1)	643,573 (17.3)	747,647 (17.1)
	要介護2	121,858 (18.8)	645,894 (17.3)	767,752 (17.5)
	要介護3	97,710 (15.1)	581,263 (15.6)	678,973 (15.5)
	要介護4	72,266 (11.2)	483,933 (13.0)	556,199 (12.7)
	要介護5	64,582 (10.0)	414,326 (11.1)	478,908 (10.9)
	合　計	647,694 (100.0)	3,730,446 (100.0)	4,378,140 (100.0)

＊第1号被保険者に関する数値。
出所）図表4.4と同じ。

の43.3%を占めており，重度の認定者の比重は23.6%である。

次に，被保険者と同様に，要介護認定者の構成を前期高齢者と後期高齢者に分けてみる。前期高齢者に占める軽度の認定者の比重は45.0%であり，全年齢の43.3%よりも1.7ポイント高い一方で，重度の認定者の比重は全体よりも2.4ポイント低く21.2%である。それとは逆に，後期高齢者に占める軽度の認定者の比重は43.0%であり，全年齢の比重よりも0.3ポイント低いが，重度の要介護者の比重は24.1%にも上り，全年齢の23.6%よりも0.5ポイント高い。

第3に，これらをふまえた上で，介護サービスの受給者数と介護給付費を受給者の要介護度別にみてみよう。図表4.6に示されるように，2007年度には約4230万人の要介護認定者が給付を受けており，要介護1から要介護3に該当する受給者の全体に占める比重がやや高いが，要介護度と受給者の合計との間に大きな関連はみられない。

受給者をサービス種類別にみると，居宅サービスの受給者が全体の71.8%を占めている一方で，施設サービスの受給者の比重は23.0%である。さらにこれを要介護度別にみると，軽度の要介護者は主に居宅サービスを受給しており，それは受給者の総数の36.1%を占めている。それに対して，重度の要介護者では施設サービスを受給した者が多く，受給者の総数の13.7%である。このように，居宅サービスを受給した軽度の要介護者と，施設サービスを受給した重度の要介護者は，各サービスの受給者の過半数を占めており，要介護度ごとにサービスの利用状況が異なることが明確に表れている。地域密着型サービスについては後述する。

第4に，同じく図表4.6を用いて，介護給付費をサービス別に考

図表 4.6 要介護度別の受給者数と介護給付費（2007年度）

		経過的要介護	要支援1	要支援2	要介護1	要介護2	要介護3	要介護4	要介護5	合計
受給者数（人、%）	(A) 居宅サービス	174,799 (0.4)	3,835,032 (9.1)	4,432,745 (10.5)	6,794,794 (16.1)	6,208,847 (14.7)	4,440,928 (10.5)	2,737,822 (6.5)	1,723,052 (4.1)	30,348,019 (71.8)
	地域密着型サービス	493 (0.0)	9,935 (0.0)	21,541 (0.1)	434,286 (1.0)	573,529 (1.4)	634,667 (1.5)	371,491 (0.9)	156,623 (0.4)	2,202,565 (5.2)
	施設サービス	—	3,789 (0.0)	22,976 (0.1)	535,438 (1.3)	1,187,428 (2.8)	2,171,384 (5.1)	2,892,187 (6.8)	2,900,692 (6.9)	9,713,894 (23.0)
	合計	175,292 (0.4)	3,848,756 (9.1)	4,477,262 (10.6)	7,764,518 (18.4)	7,969,804 (18.9)	7,246,979 (17.1)	6,001,500 (14.2)	4,780,367 (11.3)	42,264,478 (100.0)
給付費（億円、%）	(B) 居宅サービス	62 (0.1)	1,070 (1.8)	2,078 (3.6)	4,974 (8.5)	6,117 (10.5)	6,049 (10.4)	4,679 (8.0)	3,595 (6.2)	28,626 (49.0)
	地域密着型サービス	0 (0.0)	4 (0.0)	31 (0.1)	825 (1.4)	1,165 (2.0)	1,331 (2.3)	780 (1.3)	316 (0.5)	4,450 (7.6)
	施設サービス	—	8 (0.0)	47 (0.1)	1,110 (1.9)	2,673 (4.6)	5,281 (9.0)	7,661 (13.1)	8,513 (14.6)	25,293 (43.3)
	合計	62 (0.1)	1,082 (1.9)	2,156 (3.7)	6,909 (11.8)	9,954 (17.1)	12,661 (21.7)	13,120 (22.5)	12,424 (21.3)	58,369 (100.0)
給付1人当たり費（円）	B/A 居宅サービス	35,469	27,901	46,878	73,203	98,521	136,210	170,902	208,641	94,326
	地域密着型サービス	0	40,262	143,912	189,967	203,128	209,716	209,965	201,758	202,037
	施設サービス	—	211,138	204,561	207,307	225,108	243,209	264,886	293,482	260,380
	合計	35,370	28,113	48,154	88,982	124,896	174,707	218,612	259,896	138,104

＊第1号被保険者に関する数値。
出所）図表4.4と同じ。

察する。全体を通してみると，要介護度が高くなるにつれて受給者1人当たりの給付費が高くなる傾向にあり，要介護度ごとの給付費の給付総額に占める比重も同様である。

さらに詳しくみると，軽度の要介護者に対する給付費の合計は全体の17.5%を占めており，受給者の比重の合計に比べると小さな規模である。その大部分は居宅サービスの給付費であり，それは給付総額の14.0%である。それとは逆に，重度の要介護者に対する給付費の合計は全体の43.8%であり，受給者の比重の合計に比べて大きな割合を占めている。その給付費の過半数に相当する部分が施設サービスの給付費であり，給付総額の27.7%を構成している。施設サービスの受給者1人当たりの給付費は，居宅サービスのそれに比べて高い。

以上のような介護保険制度と介護給付費の関係は，以下のように整理できる。高齢者の要介護度は加齢とともに高まる傾向にあり，被保険者の要介護度が高まると，居宅サービスに比べて単価が高い施設サービスの需要が増えていく。実際に，重度の要介護者がその割高な施設サービスを受給しており，それが給付費の膨張をもたらす大きな要因になっている。現在のような状態が存続するとすれば，高齢化が進むことで，医療費とともに介護費も膨張していくのである。

4.2 医療保険制度：分立型の国民皆保険と租税資金

1 医療保険制度の特徴

日本のすべての国民は，各市町村に存在する地域保険の国民健康保険に加入するという規定が法律で定められており，企業や役所な

どに雇用される被用者とその家族が職域保険に加入する条件を満たしている場合には，その規定の適用が除外されて職域保険に加入する。2008年4月以降には，後期高齢者医療制度の対象者の適用も除外される。生活保護受給者も国民健康保険には加入せず，生活保護の医療扶助を受ける（医療扶助については第5章を参照）。

図表4.7は，2009年4月時点での医療保険制度の全体像を示したものである。後期高齢者を除くすべての国民は，勤め先に応じて組合管掌健康保険や全国健康保険協会管掌健康保険（以下「協会けんぽ」）や各種の共済組合などの職域保険か，市町村ごとに成り立っている地域保険の国民健康保険のいずれかに加入しなければならない。後期高齢者は，都道府県ごとに運営される後期高齢者医療制度に加入する。加入者が最も多いのは国民健康保険であり，国民の約3分の1が国民健康保険に加入している。それに次いで協会けんぽの加入者が多く，三番目が組合管掌健康保険である。2008年4月には，後期高齢者医療制度に約1300万人の後期高齢者が加入しており，それは国民の9.3％を占めている。

このように，主にフルタイムで働く被用者が職域保険に加入する一方で，自営業者やパートタイマーやアルバイターや無職者などは地域保険に加入する。勤め先を退職した者は職域保険から国民健康保険に移り，75歳に到達すると国民健康保険から後期高齢者医療制度に移行することになる。すなわち，現役世代の人びとが職域保険に加入する一方で，前期高齢者の大半が国民健康保険に集中し，後期高齢者は高齢者だけで構成される別建ての医療保険に加入するという構造になっているのである。

図表 4.7 医療保障制度の全体像[1]

			保険者（保険者数）	合計	加入者数（千人）	(%)
職域保険	被用者保険	医療保険と財政調整制度				
		組合管掌健康保険	健康保険組合 (1,541)	健康保険組合の合計	30,412	21.7
	一般被用者保険	全国健康保険協会管掌健康保険（政府管掌健康保険）[2]	全国健康保険協会	全国健康保険協会の合計と国の年金特別会計（健康勘定と業務勘定）	35,960	25.6
		船員保険	社会保険庁	国の船員保険特別会計	161	0.1
	特定被用者保険	国家公務員共済組合	共済組合 (21)	共済組合の合計	2,455	1.7
		地方公務員等共済組合	共済組合 (54)	共済組合の合計	6,132	4.4
		私立学校教職員共済	事業団	事業団の合計	851	0.6
	自営業者保険	国民健康保険組合	国民健康保険組合 (165)	国民健康保険組合の合計	3,888	2.8
地域保険		国民健康保険[3]	市町村 (1,818)	市町村の国民健康保険特別会計	47,380	33.8
		後期高齢者医療制度	都道府県の後期高齢者医療広域連合 (47)	後期高齢者医療広域連合の一般会計・後期高齢者医療特別会計と市町村の後期高齢者医療特別会計	13,075	9.3
財政調整制度		前期高齢者の財政調整制度	医療保険者の共同事業	後期高齢者医療制度の保険者の共同事業	—	—

*1 2009年4月時点。なお、保険者数は2006年度末時点での人数である。加入者数については、組合管掌健康保険と全国健康保険協会管掌健康保険と船員保険と国民健康保険が2007年度末、各種の共済組合が2006年度末、後期高齢者医療制度が2008年4月時点での人数であり、年度が統一されていないが、加入者数の合計（1億4031.4万人）に対する各医療保険の加入者数の比率を示した。
*2 健康保険法3条2項被保険者を含む。
*3 退職者医療制度の対象者を含む。退職者医療制度は退職者医療保険者の共同事業であり、給付の実施主体は国民健康保険の保険者である市町村である。

出所）厚生統計協会編（2008）『保険と年金の動向』きょうせい：東京都後期高齢者医療広域連合のホームページ（http://www.tokyo-ikiiki.net/）などをもとに作成。

2 医療保険制度の給付と負担

(1) 診療報酬

保険給付に含まれる医療サービスの価格は診療報酬として公的に定められており，すべての医療保険にこの報酬制度が適用される。診療報酬は単価の10円に各サービスの点数を乗じることで算出され，その点数は，サービスが提供された際の状況に応じて，夜間・早朝加算や医学管理加算などによって増えていく。診療報酬は2年ごとに改定される。

(2) 給付内容

多様な医療保険が分立している一方で，給付内容はすべての医療保険でほぼ同じであり，平等な医療保障が実現している。3歳から69歳の者が給付対象のサービスを受けた場合，ほぼすべてのサービスについて診療報酬の70%分が給付され，3歳未満の乳幼児には80%分，70歳以上の高齢者には90%分が給付される。残りの部分が患者一部負担であり，医療サービスを受けた本人が負担する。

また，高額医療費支給制度という仕組みがあり，1ヵ月の間に支払った患者一部負担が一定額を超えた加入者に，超過分が高額療養費として支給される。

(3) 給付と負担

日本の医療保険制度は分立した社会保険システムであるがゆえに，支出の構造も，社会保険料と租税からなる財源の構成も，医療保険ごとに異なる。その相違は，医療保険における加入者の構成の違いや財政力の格差にもとづくものである。

以下では，医療保険制度の主軸である国民健康保険と政府管掌健康保険（協会けんぽの前身の医療保険であり，その内容は協会けんぽと

ほぼ同じである）と組合管掌健康保険の2006年度における収入と支出の構成を比較してみよう。[*]

国民健康保険

図表4.8は，札幌市の国民健康保険特別会計の歳入と歳出を示したものである。

まず歳出をみると，療養給付費の1011億円と「出産育児一時金・葬祭費等」の144億円をあわせて1155億円が支出されており，それは歳出総額の58.6％を占めている。

その次に規模が大きいのは社会保険診療報酬支払基金（以下「支払基金」）の会計に繰り出される老人保健拠出金であり，それは歳出総額の19.5％である。すなわち，後に詳しく述べるように，国民健康保険の歳出の約2割が老人保健制度という他の制度の給付費に回されているのである。

他の歳出項目としては，共同事業拠出金，札幌市の一般会計への借入金償還金，介護納付金などがある。共同事業とは，同じ都道府県に存在する国民健康保険の保険者が，1件当たり80万円を超えるなどの高額給付費を共同で負担する制度であり，その財源は国と都道府県と市町村で分担する。この共同事業拠出金は札幌市の負担分であり，北海道の基金に繰り出される。また，札幌市の一般会計から借りた資金の償還分が歳出項目に計上されている。さらに，後述するように，各医療保険からは40歳から64歳の加入者に関する介護保険制度の第2号保険料も，介護納付金として支払基金の会計

---

[*] 2009年時点では，政府管掌健康保険は都道府県単位の協会けんぽに再編され，老人保健制度も都道府県単位の後期高齢者医療制度に転換している。ここでは，これらの再編と転換がおこなわれる前の2006年時点の政府管掌健康保険や老人保健制度を検討するが，ここで述べる財政構造に関する制度間の関係は本質的に同じであるといえよう。

図表 4.8 札幌市の国民健康保険特別会計の決算額（2006年度）

歳入（億円、％）	医療保険料	428	(22.6)
	介護保険料	32	(1.7)
	国庫支出金	484	(25.6)
	北海道の一般会計からの支出金	75	(4.0)
	支払基金からの療養給付費交付金	404	(21.3)
	札幌市の一般会計からの繰入金	267	(14.1)
	札幌市の一般会計からの借入金	88	(4.6)
	共同事業交付金	113	(6.0)
	その他の収入	2	(0.1)
	合　計	1,893	(100.0)
歳出（億円、％）	総務管理費	43	(2.2)
	療養給付費	1,011	(51.3)
	出産育児一時金・葬祭費等	144	(7.3)
	支払基金への老人保健拠出金	385	(19.5)
	支払基金への介護納付金	85	(4.3)
	共同事業拠出金	113	(5.7)
	札幌市の一般会計への借入金償還金	182	(9.2)
	その他の支出	7	(0.4)
	合　計	1,971	(100.0)

出所）札幌市会計室編（2009）より作成。

に繰り出される。

　次に歳入の構成をみると、医療分の保険料は428億円であり、それは歳入総額の22.6％にすぎない。また、保険料を療養給付費と「出産育児一時金・葬祭費等」の合計と比べると、保険料だけではその37.1％しか賄うことができないことになる。介護保険料も含めて、保険料を歳出総額と比較すると、保険料の収入ではその23.3％でしかない。

　後述する被用者保険の保険料とは異なり、国民健康保険の保険料（保険税）には事業主の拠出がなく、被用者保険に比べて財政基盤が脆弱である。しかも、保険料の算定基礎になる加入者の平均所得

は被用者保険の加入者のそれよりも低く、それも財政基盤の脆弱性の要因になっている。これらの事情は、他の市町村の国民健康保険特別会計でも同様である。

コラム5　札幌市の国民健康保険の保険料

　国民健康保険の保険料は、医療分、支援金分、介護分の3種類を合計したものとして世帯ごとに賦課され、すべての部分が所得割と均等割と平等割の3種類を組み合わせて算出される。札幌市では、以下の算定式で保険料が賦課されている（2009年4月現在）。

　第1に、医療分は国民健康保険の費用に充てられる部分である。所得割は、世帯内のすべての加入者について前年度の所得から基礎控除の33万円を差し引いた金額を算出し、それらの合計に9.46％を乗じた額である。均等割は1万6580円に加入者数を乗じた額であり、平等割は1世帯当たり2万7310円に設定されている。医療分の賦課額には上限があり、最高賦課額は47万円である。

　第2に、支援金分は後期高齢者医療制度の支援金として納められる部分であり、所得割の保険料率が2.39％、均等割が加入者1人当たり4210円、平等割が1世帯当たり6930円になっている。支援金分の最高賦課額は12万円である。

　第3に、介護分は40歳から64歳の加入者が世帯内にいる場合に賦課される部分であり、所得割はそれに該当する加入者の前年度の所得から33万円を差し引き、それに2.82％を乗じた金額である。均等割も5280円に該当する加入者数を乗じたものであり、平等割は1世帯当たり6560円である。介護分の最高賦課額は10万円である。

　後期高齢者医療制度が実施される以前も実質的にはほぼ同じであり、保険料のなかには医療分と介護分があり、医療分のなかには老人保健拠出金に相当する分が含まれていた。なお、低所得世帯や後期高齢者医療制度の加入者がいる世帯などには、保険料の減免が行われる。

　北海道札幌市のホームページ（http://www.city.sapporo.jp/hoken-iryo/kokuho/zuhan1801.html）より作成。

被保険者には,所得割,資産割,均等割,世帯割の4種類の方式を組み合わせた保険料が賦課される。札幌市の国民健康保険の保険料の算定方法はコラム5のとおりである。

一方,国民健康保険特別会計には保険料を上回る金額の租税資金が投入されている。札幌市の一般会計からの繰入金と借入金に加えて,国の一般会計と北海道の一般会計からも租税資金の繰り入れがあり,それらの合計は歳入総額の48.3%にも上る。すなわち,国民健康保険の最大規模の財源として,保険料の約2倍の租税資金が投入されているのである。

さらに,療養給付費交付金が支払基金の会計から繰り入れられており,それは歳入総額の21.3%を占めている。療養給付費交付金は,後述する退職者医療制度の対象になる前期高齢者の給付費に充当する資金として,被用者保険の会計から支払基金の会計を経由して移転される。

なお,共同事業に関する給付に充てる財源として,共同事業交付金が北海道の基金から交付される。

政府管掌健康保険（現在は協会けんぽ）

図表4.9は,国の厚生保険特別会計の歳入と歳出のうち,政府管掌健康保険に関する項目を整理したものである。

保険給付費は歳出総額の54.9%であり,その比重は国民健康保険に比べて小さい。つまり,歳出総額のうち給付費に充てる資金の比重が相対的に小さく,他の制度の費用に充てるために繰り出される資金の比重が大きいことになる。支払基金の会計に繰り出される老人保健拠出金と退職者給付拠出金の合計は歳出総額の35.6%となっている。同じく支払基金の会計に繰り出される介護納付金の比重は

図表 4.9 政府管掌健康保険の財政 (2006 年度)[*1]

歳入（億円、%）	医療保険料	61,405	(81.4)
	介護保険料[*2]	5,040	(6.7)
	国の一般会計からの受入	8,877	(11.8)
	その他の収入	157	(0.2)
	合　計	75,479	(100.0)
歳出（億円、%）	保険給付費	40,851	(54.9)
	支払基金への老人保健拠出金	17,200	(23.1)
	支払基金への退職者給付拠出金	9,306	(12.5)
	支払基金への介護納付金	6,029	(8.1)
	その他の支出	1,013	(1.4)
	合　計	74,399	(100.0)
単年度収支		1,079	—

[*1] 国の厚生保険特別会計の健康勘定と業務勘定のうち、政府管掌健康保険に関する歳入額と歳出額を合算したもの。
[*2] 介護納付金から、国の一般会計からの補助金である介護納付金の16.4%分を差し引いた金額として介護保険料を試算した。
出所）厚生統計協会編 (2008)『保険と年金の動向』ぎょうせい より作成。

8.1%である。

　歳入面に目を転じると、医療分の保険料は歳入総額の81.4%を占めており、国民健康保険とは異なり保険料は最大の歳入項目である。保険給付費に対する保険料の規模は150.3%であり、保険料だけで給付費を賄える計算になる。しかし、給付費の他にも老人保健拠出金や退職者給付拠出金があり、それらを合わせた金額と比較すると、やはり保険料だけではその費用の91.2%しか賄えないことになる。介護保険料の収入や介護納付金なども考慮すると、保険料の収入だけで賄えるのは歳出総額の89.3%である。

　保険料は、それぞれの被保険者の標準報酬総額に保険料率の8.2%を乗じた金額として算出され、それを事業主と被保険者が半

分ずつ負担する。また，医療保険料に加えて，40歳から64歳の加入者からは介護保険料も徴収される。

事業主の拠出があるとはいえ，政府管掌健康保険の被保険者の大半は中小企業の被用者であり，後述する組合管掌健康保険の被保険者に比べると，保険料の算定基礎になる標準報酬総額が低い。つまり，国民健康保険ほどではないとはいえ，組合管掌健康保険に比べると，政府管掌健康保険の財政基盤も相対的に弱いといえる。

その政府管掌健康保険にも，国の一般会計から租税資金が投入されている。それは歳入総額の11.8%を占めており，国民健康保険に比べると小さな比重ではあるが，保険料と並んで政府管掌健康保険の重要な財源である。

組合管掌健康保険

最後に，組合管掌健康保険についてみてみる。図表4.10は，全国に1541ある組合管掌健康保険の収入と支出を合算したものである。

保険給付費と「保健事業費および施設費」の合計は支出総額の55.5%である。それは政府管掌健康保険の歳出総額に占める保険給付費の比重とほぼ同じであり，やはり他の制度の費用に充てるための繰出金の比重が大きい。老人保健拠出金と退職者給付拠出金の合計は支出総額の32.9%を占めており，介護納付金の比重は9.4%である。

医療保険料は歳入総額の88.8%であり，それは保険給付費と「保健事業費および施設費」の合計に対して165.9%であり，それに老人保健拠出金や退職者給付拠出金を加えた金額に対しては104.1%，介護保険料と介護納付金なども考慮すると，保険料の収入だけで支

図表 4.10 組合管掌健康保険の財政(2006年度)[*1]

経常収入（億円、％）	医療保険料	58,645	(88.8)
	介護保険料[*2]	5,990	(9.1)
	国庫負担金	48	(0.1)
	退職積立金繰入	45	(0.1)
	施設収入	610	(0.9)
	その他の収入	731	(1.1)
	合計 (A)	66,069	(100.0)
経常支出（億円、％）	事務費	1,235	(1.9)
	保険給付費	31,512	(49.5)
	保健事業費および施設費	3,839	(6.0)
	支払基金への老人保健拠出金	11,568	(18.2)
	支払基金への退職者給付拠出金	9,397	(14.8)
	支払基金への介護納付金[*2]	5,990	(9.4)
	その他の支出	155	(0.2)
	合計 (B)	63,697	(100.0)
経常収支差引額 (C = A − B)		2,372	599

[*1] すべての健康保険組合の健康保険事業に関する収入額と支出額を合算したもの。
[*2] 介護保険料の収入額と介護納付金の支出額を推計し、それぞれを経常収入と経常支出に示した。
出所) 図表4.9と同じ。

出総額の101.5%を賄うことができる。すなわち、保険料の収入だけですべての費用を賄うことができるのであり、組合管掌健康保険の財政基盤が相対的に強固であることがわかる。

政府管掌健康保険と同様に、医療分と介護分の保険料は被保険者の標準報酬総額に保険料率を乗じた金額として算出されるが、保険料率は組合ごとに異なる。保険料率の平均は7.3%であり、大半の組合の保険料率は政府管掌健康保険のそれよりも低い。また、福利厚生の一環として、事業主が50%以上を負担している組合が多い。

従業員が700人以上の事業主は、健康保険組合を設立し、従業員に対して組合管掌健康保険を独自に提供できる。つまり、被保険者

の大半は大企業のサラリーマンであり、標準報酬総額の平均額が他のサラリーマンよりも高い。さらに事業主の拠出も加わるのであり、組合管掌健康保険には保険事業を運営する上での優位性が存在している。一方で、組合管掌健康保険に投入される租税資金はごく少額である。

なお、いくつかの組合管掌健康保険では、法定給付とは別に、福利厚生の一環として付加給付が提供されている。付加給付は、法定給付には含まれないサービスの代金や、加入者が支払うべき患者一部負担の一部または全部を事業主が代わりに負担するなどの方法で提供される。

(4) 租税資金の投入の意義

以上のように、医療保険制度では、保険料という財政基盤が弱い医療保険であればあるほど、租税資金が手厚く投入されている。財政基盤が最も脆弱なのは国民健康保険であり、その次が政府管掌健康保険であり、最も財政基盤が強固なのは組合管掌健康保険である。それに対して、投入される租税資金の規模は国民健康保険、政府管掌健康保険、組合管掌健康保険の順番に大きい。

その結果、分立する医療保険における財政基盤の格差が是正され、全国民に平等な給付が保障されているのである。特に、地域保険の国民健康保険では租税資金が投入されることで医療保障が成り立っている側面が強く、租税資金の投入が国民皆保険を支えているといえよう。

3 高齢者の医療保障

(1) 退職者医療制度

勤め先を退職した者は、職域保険から自らの住む市町村の国民健

康保険に移るが,そうなると定年で退職して老齢世代の仲間入りをした者が国民健康保険に大量に加入することになり,老人加入率は高まる。高齢化の進行にともない老人加入率が高まるにつれて,国民健康保険の給付費は膨張し,国民健康保険特別会計の財政状況は厳しくなっていった。

退職者医療制度は,退職被保険者(国民健康保険の加入者のうち退職者医療制度の対象になる者)の給付費に充てるための資金を職域保険からも集め,それを国民健康保険特別会計に繰り入れることで,国民健康保険を財政面で支えることを実質的な狙いとして創設された。政府管掌健康保険や組合管掌健康保険などの職域保険は,退職者給付拠出金を支払基金に納める。退職者給付拠出金は,退職被保険者にかかわる給付費の一部を賄うために,職域保険が負担するものである。支払基金に集められた資金は,各市町村の退職者医療制度にかかわる支出額の規模に応じて国民健康保険特別会計に分配される。この制度は国民健康保険特別会計のなかで運営されており,図表4.8に示されるように,札幌市の国民健康保険特別会計には404億円の療養給付費交付金が分配されている。それが租税資金などの財源とともに退職被保険者の給付費に充てられている。

(2) 老人保健制度

さらに,老人保健制度も国民健康保険を財政面で支えるための仕組みである。図表4.11を用いて,2006年度における札幌市の老人保健医療特別会計の財政構造を考察しよう。

老人保健制度の対象者は後期高齢者と障害を抱える一部の前期高齢者であり,これらの高齢者の大半は国民健康保険に加入している。しかし,給付は老人保健制度を通して行われ,国民健康保険からは

図表 4.11 札幌市の老人保健医療特別会計の決算額（2006 年度）

(億円, %)

歳入	支払基金交付金	945	(55.1)
	国庫支出金	511	(29.8)
	北海道の一般会計からの支出金	130	(7.6)
	札幌市の一般会計からの繰入金	128	(7.5)
	その他の収入	1	(0.1)
	合　計	1,715	(100.0)
歳出	老人医療費	1,714	(99.0)
	その他の支出	18	(1.0)
	合　計	1,732	(100.0)

出所）図表 4.8 と同じ。

基本的に給付がおこなわれない。札幌市の老人保健医療特別会計からは，老人医療費として 1714 億円が支出されている。

その老人医療費は，すべての医療保険の会計から集められた老人保健拠出金を原資とする支払基金交付金と，国と都道府県と市町村で分担される租税資金で賄われている。特に，支払基金交付金と国庫支出金の規模が大きく，両者の合計は歳入総額の 84.9％を占めている。残りの部分も北海道の一般会計と札幌市の一般会計から繰り入れられた租税資金である。

支払基金交付金のなかには，対象者が加入する医療保険の保険料も含まれているが，それは小さな部分であり，老人医療費の大部分が他の医療保険からの拠出金と租税資金で賄われていることがわかる。

以上のように，退職者医療制度と老人保健制度は，すべての医療保険から集められた拠出金を高齢者の医療費に充てることで，国民健康保険に集中しがちな高齢者の医療費の負担を軽減する仕組みである。しかも，老人保健制度には多額の租税資金も投入されており，これらの結果，高齢者に対する手厚い医療保障が実現している。同

時に，それは高齢者の医療費を膨張させる大きな要因であるともいえる。

4.3 介護保険制度：地域保険と租税資金

2000年に介護保険制度が本格的に実施されてから10年余りが経過し，地域介護システムの構築が進められているが，それは地方分権の象徴と呼べるシステムに成長しているのであろうか。

以下では，21世紀における介護保険制度の再編について検討するための前提作業として，現行制度の内容とその役割について考察する。

1 介護保険制度の特徴

介護保険制度の特徴は，第1にすべての介護保険が地域保険として成り立っていることであり，第2に国民皆保険が実現しておらず，高齢者と一部の障害者に被保険者の範囲が限定されていることである。どちらの特徴も医療保険制度とは異なるが，特に重要なのは第1の点であり，後述するように地域保険が各地域の介護サービス量やその編成と結びつけられていることに大きな特徴がある。

保険者は市町村と特別区（東京23区）であり，介護問題が起こる地域社会に最も身近な地方自治体が保険者の役割を担っている。被保険者は第1号被保険者と第2号被保険者の2種類からなる。第1号被保険者は，各市町村に住む65歳以上のすべての高齢者であるのに対して，第2号被保険者は40歳から64歳で医療保険制度に加入している者である。[*]

---

[*] すなわち，40歳から64歳で生活保護を受給している者と40歳未満の者は，介護保険制度の被保険者になることを認められていない。

また，介護保険制度では，被保険者が給付を受けるためには，以下のすべての条件を満たさなくてはならない。

第1に，被保険者が給付を受けるためには，要介護認定を受け，自らの心身に介護の必要性があることを認定されなければならない。

第2に，要介護認定者は介護支援相談員（ケアマネジャー）などと相談しながら，介護サービスの利用計画であるケアプランを作成する。要介護認定者はケアプランの内容にしたがってサービスを受けることになる。

第3に，第2号被保険者が給付を受けるためにはもう一つの条件があり，老化に起因する特定疾病*を患っている場合に限り，給付を受けられる。

2 介護保険制度の給付と負担

(1) 介護報酬

診療報酬と同様に，給付の対象になる介護サービスの価格は介護報酬として公的に定められており，それは単価に単位数を乗じた金額である。単価は1単位につき10円が基本であり，離島や僻地では最高で0.72円が加算される。単位はサービスごとに定められ，しかも利用者の要介護度が重くなるに連れて単位が高くなるように設定されている。後述する第1号保険料と同じく，介護報酬は3年ごとに改定される。

---

*初老期における認知症，脳血管疾患，筋萎縮性側索硬化症，パーキンソン病，脊髄小脳変性症，シャイ・ドレーガー症候群，糖尿病性腎症・糖尿病性網膜症・糖尿病性神経障害，閉塞性動脈硬化症，慢性閉塞性肺疾患，両側の膝関節または股関節に著しい変形を伴う変形性関節症，慢性関節リウマチ，後縦靭帯骨化症，脊柱管狭窄症，骨折を伴う骨粗鬆症，早老症，末期がん。

図表 4.12 介護保険制度の給付の対象になるサービス

	予防給付	介護給付
居宅サービス	介護予防訪問介護 介護予防訪問入浴介護 介護予防訪問看護 介護予防訪問リハビリテーション 介護予防居宅療養管理指導 介護予防通所介護 介護予防リハビリテーション 介護予防短期入所生活介護 介護予防短期入所療養介護	訪問介護 訪問入浴介護 訪問看護 訪問リハビリテーション 居宅療養管理指導 通所介護（デイ・サービス） 通所リハビリテーション（デイ・ケア） 短期入所生活介護（ショートステイ） 短期入所療養介護（ショートステイ）
施設サービス	—	介護老人福祉施設（特別養護老人ホーム） 介護老人保健施設 介護療養型医療施設
地域密着型サービス	介護予防小規模多機能型居宅介護 介護予防認知症対応型通所介護 介護予防認知症対応型共同生活介護（グループホーム）	小規模多機能型居宅介護 夜間対応型訪問介護 認知症対応型通所介護 認知症対応型共同生活介護（グループホーム） 地域密着型特定施設入居者生活介護 地域密着型介護老人福祉施設入所者生活介護
その他のサービス	介護予防特定施設入居者生活支援 介護予防福祉用具貸与 介護予防特定福祉用具販売 介護予防住宅改修費（住宅改修） 介護予防支援	特定施設入居者生活介護（有料老人ホーム） 福祉用具貸与 特定福祉用具販売 居宅介護住宅改修費（住宅改修） 居宅介護支援

出所）厚生統計協会編（2008）『保険と年金の動向』ぎょうせい；月刊介護保険編集部編（2006）より作成。

（2）給　付

図表 4.12 に示されるように，介護保険制度の給付内容は予防給付と介護給付に分類され，要支援者は予防給付のサービスのみ利用できるのに対して，要介護者は介護給付しか認められていない。要介護認定で自立と認定された者はどちらの給付も受けられない。

図表 4.13 居宅サービスの1ヵ月当たりの支給限度額

(単位)

	支給限度額
要支援1	4,970
要支援2	10,400
要介護1	16,580
要介護2	19,480
要介護3	26,750
要介護4	30,600
要介護5	35,830

出所) 図表4.12と同じ。

図表 4.14 施設サービスの1日当たり支給額

(単位)

	介護老人福祉施設	介護老人保健施設	介護療養型医療施設
要介護1	657	784	785
要介護2	728	833	895
要介護3	798	886	1,133
要介護4	898	940	1,234
要介護5	929	993	1,325

＊単位数はユニット型準個室またはユニット型個室の場合であり，多床室や従来型個室には単位数がやや少ない。

出所) 図表4.12と同じ。

第1に，居宅サービスには支給限度額（保険給付の上限）が設定されており，図表4.13のとおり，利用者の要介護度が重くなるにつれて支給限度額は高くなる。利用者の負担はサービス料金の1割であるが，支給限度額を超えて利用した場合にはサービス料金の全額を支払わなければならない。

第2に，図表4.14に示されるように，施設サービスでは1日当たりの支給額（単位数）が入所者の要介護度に応じて定められており，食費や居住費に相当する費用などを除けば，利用者負担はその1割を超えることはない。

(3) 負 担

財源構成

介護保険制度の保険給付費は保険料と公費（租税資金）で50％ずつで賄われており，保険料の減免分なども含めて，医療保険制度と同様に多額の租税資金が投入されている。図表4.15に示されるように，第1号被保険者に賦課される第1号保険料は財源の20％を占めており，第2号被保険者から徴収される第2号保険料が残りの

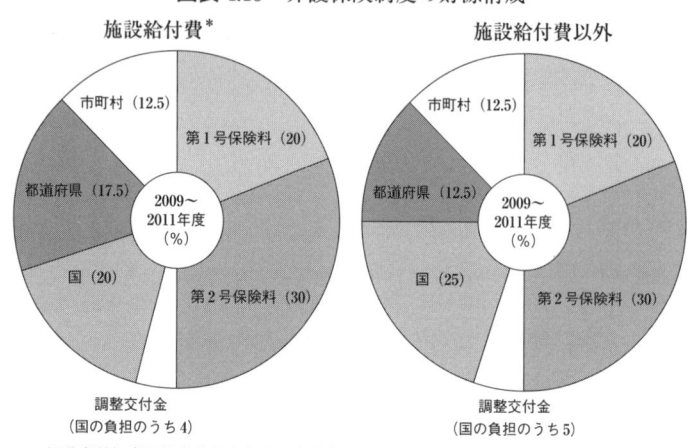

図表 4.15 介護保険制度の財源構成

施設給付費*

- 市町村 (12.5)
- 第1号保険料 (20)
- 都道府県 (17.5)
- 国 (20)
- 第2号保険料 (30)
- 2009～2011年度 (%)
- 調整交付金（国の負担のうち4）

施設給付費以外

- 市町村 (12.5)
- 第1号保険料 (20)
- 都道府県 (12.5)
- 国 (25)
- 第2号保険料 (30)
- 2009～2011年度 (%)
- 調整交付金（国の負担のうち5）

＊都道府県知事が指定権限を有する介護老人福祉施設，介護老人保健施設，介護療養型医療施設，特定施設にかかわる費用。
出所）図表4.12と同じ。

30％である。公費は国と都道府県と市町村で分担されており，国の財源の5％分が調整交付金として，住民に占める後期高齢者の比重が高い市町村や所得水準が低い市町村などに手厚く分配される。

各市町村における費用の負担額は，以下の手順で決まる。各市町村は3年ごとに介護保険事業計画を策定し，それに基づいて費用の見積額を算出する。見積額から利用者負担の10％分を除いたものが保険給付費であり，市町村の介護保険特別会計には，国からはその20％から25％（給付費の総額に占める施設給付費の比重によって異なる）に相当する金額，都道府県からは12.5％分から17.5％分，そして支払基金（第2号被保険者の保険料）からは30％分がそれぞれ繰り入れられる。市町村は12.5％分を一般会計から負担し，残りの20％が第1号被保険者から徴収される。

図表 4.16 第 1 号保険料の算定式（2009 年度から 2011 年度）

段階	札幌市 対象者	保険料率	年額保険料
1	生活保護の受給者，中国残留邦人などの支援給付の受給者，老齢福祉年金の受給者で世帯全員が市民税非課税の者	基準額 × 0.50	24,780 円
2	世帯全員が市民税非課税で，前年の公的年金収入額と前年の合計所得額の合計が 80 万円以下の者		
3	世帯全員が市民税非課税で，第 1 段階や第 2 段階以外の者	基準額 × 0.75	37,170 円
4（軽減措置）	第 4 段階のうち，前年の公的年金収入額と前年の合計所得額の合計が 80 万円以下の者	基準額 × 0.90	44,604 円
4	本人が市民税非課税で，世帯の中に市民税課税者がいる者	基準額 × 1	49,560 円
5（軽減措置）	本人が市民税課税で，前年の合計所得額が 125 万円未満の者	基準額 × 1.15	56,994 円
5	本人が市民税課税で，前年の合計所得額が 125 万円以上 200 万円未満の者	基準額 × 1.25	61,950 円
6	本人が市民税課税で，前年の合計所得金額が 200 万円以上 350 万円未満の者	基準額 × 1.50	74,340 円
7	本人が市民税課税で，前年の合計所得金額が 350 万円以上の者	基準額 × 1.75	86,730 円

＊被保険者は 10 円未満を切り捨てた額を支払う。
出所）　北海道札幌市のホームページ（http://www.city.sapporo.jp/kaigo/k100citizen/k121over65.html）より作成。

介護保険料

　第 1 号保険料は，第 1 号被保険者の所得に応じて基準額の一定割合を負担する仕組みになっており，基準額や所得の区分の仕方などは市町村ごとに異なる。図表 4.16 を用いて，札幌市の第 1 号保険料について考察しよう。

　札幌市の第 1 号被保険者は，自らの所得に応じて 9 段階のいずれかに区分され，それぞれ基準額の一定割合を支払う。第 1 号保険料の基準額は年額 4 万 9560 円であり，月額にすると 4130 円になる。基準額や段階数は，各市町村の高齢化率や費用の見積額や所得分布などをもとに決められるがゆえに，市町村ごとに異なるのである。

特に、費用の見積額と第1号保険料は密接な関係にあり、見積額が高ければ第1号保険料も高くなる。すでに述べたように、施設サービスの単価は他のサービスよりも高く、施設が多い地域では施設サービスの利用が増える。それゆえに、施設が多い市町村ほど第1号保険料も高くなる傾向があり、高齢化率の地域差だけでなく、介護サービスの編成の相違が保険料の地域差をもたらす大きな要因になる。

また、第2号保険料は第2号被保険者の加入する医療保険の保険者によって医療保険料と同時に徴収され、それが支払基金に納められる。第2号保険料は医療保険料と同じ算定方法で賦課されるので、被用者保険では事業主の負担があり、国民健康保険の加入者については国庫が半額を負担する。

コラム6　高額介護（高額介護予防）サービス費

高額介護サービス費と高額介護予防サービス費は、医療保険制度における高額医療費支給制度と似た制度であり、毎月の利用者負担が一定金額を超えた場合に、超過した金額を被保険者に償還払いの形で支給する仕組みである。利用者負担の上限額は被保険者の所得水準によって異なる。

要介護3と認定された生活保護の受給者が、ある月に合計で3万単位に相当する介護サービスを利用したとしよう。単価を10円とすると費用の総額は30万円であり、この利用者はその1割の3万円を利用者負担としていったん支払う。利用者負担の上限額は1.5万円なので、差額の1.5万円が高額介護サービス費として、後にこの利用者に支給される。

ただし、保険給付の対象ではないサービスの費用はこれらの制度では考慮されず、施設入所者などの食費と居住費、福祉用具の購入や住宅改修にかかわる利用者負担も、これらの制度の対象には含まれない。

図表 4.17 札幌市の介護保険特別会計の決算額（2006年度）

歳入（億円、％）	第1号保険料	162	(19.6)
	国庫支出金	185	(22.3)
	北海道の一般会計からの支出金	118	(14.3)
	支払基金交付金	231	(27.9)
	札幌市の一般会計からの繰入金	131	(15.8)
	その他の収入	0	(0.0)
	合　計	828	(100.0)
歳出（億円、％）	総務管理費	30	(3.7)
	保険給付費	764	(94.2)
	地域支援事業費	13	(1.6)
	財政安定化基金拠出金	1	(0.1)
	その他の支出	4	(0.5)
	合　計	811	(100.0)

出所）　図表 4.8 と同じ。

租税資金

　また，医療保険制度と同様に，介護保険特別会計にも多額の租税資金が投入されている。図表 4.17 は，2006 年度の札幌市の介護保険特別会計の歳入と歳出を示したものである。

　札幌市の第1号保険料は歳入総額の 19.6％であり，それだけでは保険給付費と地域支援事業費の合計の 20.8％しか賄えない。残りの約 8 割の介護費は支払基金交付金と租税資金で賄われている。特に，国の一般会計と北海道の一般会計と札幌市の一般会計から繰り入れられる租税資金の合計は，歳入総額の 52.4％を占めている。

　以上のように，介護保険制度でも多額の租税資金が投入されている。それが他の財源とともに地域介護システムの構築に用いられており，高齢者の介護保障の重要な条件になっている。別の角度からみれば，それはまた介護費を膨張させる要因にもなっている。

4.4 社会保険の再編と地域社会

21世紀初頭には，医療保険制度と介護保険制度の改革が実施された。最後に，これらの改革について考察し，21世紀における社会保険の再編とその意義を検討する。

1 医療保険制度の改革：地域保険化と地域医療の再編

21世紀初頭におこなわれた医療保険制度の改革で最も重要なのは，医療保険の地域保険化に向けた動きである。図表4.18は，医療保険制度の地域保険化の内容をまとめたものである。

コラム7　保険財政の安定化

介護保険制度には，調整交付金のほかにも保険財政を安定させる仕組みがいくつか存在する。

第1に，財政安定化基金は，当初の見通しを上回る給付費の増加や第1号保険料の収納率の減少によって介護保険財政に赤字が生じた場合に，市町村の一般財源からの繰り入れで赤字を補塡することを回避するために，その市町村に資金の交付または貸付をおこなう制度である。基金は各都道府県に設置されており，その財源は国と都道府県と第1号保険料で3分の1ずつ負担する。資金を借りた市町村は，借入額を次期の第1号保険料の総額に算入することで第1号保険料から徴収し，基金に返済する。つまり，国民健康保険とは異なり，介護保険制度では市町村の一般財源を用いて第1号保険料を低く抑えることができないのである。

第2に，市町村相互財政安定化事業は，介護保険財政の安定化を目的に，複数の市町村が介護保険事業を共同で実施するための制度である。こうした取り組みは広域化と呼ばれ，広域化を実施している地域では，給付総額と収入総額が均衡するように共通の調整保険料率が設定される。都道府県は，広域化に関する市町村間の調整や調整保険料率の基準の提示などをおこなう。

第 4 章　日本の社会保険と地域　131

図表 4.18　医療保険制度の地域保険化と医療保険財政

医療保険と財政調整制度		保険者	財政運営の単位	会　計
医療保険	組合管掌健康保険	健康保険組合	都道府県単位での健康保険組合の合併を促す	健康保険組合の会計
	全国健康保険協会管掌健康保険（協会けんぽ）	全国健康保険協会	都道府県の医療費や所得水準に応じて保険料を設定する	全国健康保険協会の会計，国の年金特別会計の健康勘定と業務勘定
	国民健康保険	市町村	都道府県の広域連合が担う共同事業の範囲を拡大する	市町村の国民健康保険特別会計
	後期高齢者医療制度	都道府県の後期高齢者医療広域連合	都道府県の医療費や所得水準に応じて保険料を設定する	都道府県の後期高齢者医療広域連合の一般会計と後期高齢者医療特別会計，市町村の後期高齢者医療特別会計
財政調整制度	前期高齢者の財政調整制度	医療保険者の共同事業	後期高齢者医療制度を除くすべての医療保険の間で財政調整を行う	後期高齢者医療制度を除くすべての医療保険の会計

出所）　厚生統計協会編（2008）『保険と年金の動向』ぎょうせい；栄畑潤（2007）『医療保険の構造改革』法研；厚生労働省のホームページ（http://www.mhlw.go.jp/bunya/shakaihosho/iryouseido01/info02d.html）などをもとに作成。

　各種の職域保険は，地域保険として再編される。第 1 に，政府管掌健康保険は協会けんぽに再編され，都道府県ごとに財政運営がおこなわれることになった。保険料率は各都道府県の医療費や加入者の所得水準にもとづいて設定され，保険料率に地域差が生じることになる。第 2 に，組合管掌健康保険では規制が緩和され，同じ都道府県に存在する小規模の健康保険組合や財政状況が厳しい組合などの合併や再編が促される。

　職域保険だけでなく，老人保健制度や国民健康保険でも再編が進められる。

　第 1 に，老人保健制度は廃止され，各都道府県の広域連合によって運営される後期高齢者医療制度が創設された。その保険料は，各

都道府県の医療費と被保険者の所得水準に応じて設定される。保険料は所得割と均等割にもとづいて算出され，それが財源の約10％を構成する。その代わり，老人保健制度では財源の50％を占めていた支援金（拠出金とほぼ同じもの）の比重が約40％に減少し，約50％が租税資金で賄われる。

第2に，国民健康保険では共同事業の範囲が拡大され，1件当たり30万円を超える医療費も対象に含まれることになった。その結果，国民健康保険の給付費の約40％が都道府県単位の共同事業の

コラム8　後期高齢者医療制度と資格証明書

2009年10月25日付の『朝日新聞』では，後期高齢者医療制度を運営する広域連合の8割が，保険料の滞納者から保険証の返還を求めることを検討していることが取り上げられている。その記事によると，「民主党は衆院選のマニフェスト（政権公約）で後期（高齢者：引用者）医療制度の『廃止』を掲げたが，長妻厚労相は着任後に即時廃止を断念，12年度末に廃止する方針を固めた。新制度移行まで約3年半は現行制度が継続する結果となり，様子見だった自治体の中に，保険証の返還を求める動きが広がったと見られる」そうである。

後期高齢者医療制度という独立した医療保険が実施されたことで，後期高齢者などは新たにこの医療保険の被保険者になり，保険料を支払う義務と給付を受ける権利が発生した。保険料を納める義務を果たさない者は受給権を停止され，保険証を没収される代わりに「資格証明書」が発行される。「資格証明書」を交付された者は保険給付を差し止められ，医療サービスを受けた際には医療費の全額を支払わなければならない。保険給付に相当する金額は，滞納分の保険料を納めるまで戻ってこない。このように，資格証明書を交付された者は，事実上の無保険になる。しかも，後期高齢者医療制度は地域保険であるがゆえに，それは各地域で給付と負担の関係をふまえて判断されるのである。

対象になるという試算もある（栄畑［2007］）。

こうした地域保険化の需要な狙いは，地域医療システムの推進とともに，「小さな政府」を意識した医療費の抑制にある。地域保険化が進めば，地域ごとに給付と負担の関係がいっそう直接に結びつけられ，医療費が相対的に高い地域では保険料の負担も高くなる。都道府県は医療サービスの生産に関する権限と責任をもっており，その都道府県に保険財政の運営責任ももたせて一体的に管理させる。それによって，被保険者や地方自治体の負担の増加を抑えることを意識させ，医療費の抑制を実現することが目指されているのである。特に，老人保健制度から後期高齢者医療制度への再編は，高齢者の医療費の抑制を意図しておこなわれた側面が強く，「小さな政府」へのベクトルが導入された側面があるといえよう。

とはいえ，大枠では，高齢者の医療費を租税資金の投入と財政調整によって賄うという機能は維持されており，「大きな政府」へのベクトルは依然として強力である。退職者医療制度が前期高齢者の財政調整制度に移行したが，その財政調整の機能は基本的には変わっていない。また，協会けんぽの保険料が急に高くならないようにするための措置が5年間にわたって実施されることや，後期高齢者医療制度の保険料や患者一部負担にも激変緩和措置が導入されたことなど，地域保険化の動きに対するブレーキは当初から存在している。しかも最近では，後期高齢者医療制度の激変緩和措置が当面は継続されることが決まり，地域保険化に向けた動きがますますトーンダウンしている。

2　介護保険制度の改革：地域保険と地域介護

介護保険制度では，新たなサービスを給付に追加するという制度

改革が行われ，2009年4月から制度の第4期が開始されたことにともない，介護報酬や第1号保険料の改定がおこなわれた。

第1に，予防給付が新設されるとともに，介護保険制度の被保険者ではない人びとも対象とする介護予防事業が開始された。予防給付の内容は図表4.12に示したとおりであり，介護予防事業の主な内容は，高齢者の体操教室，送迎・入浴・食事・レクリエーション活動，食事指導，認知症を抱える高齢者とその家族への支援などである。予防給付と介護予防事業を含めた地域支援事業は，地域介護の中継役を担う機関として各地域に設置される地域包括支援センターを主体として取り組まれている。

第2に，地域密着型サービスと居宅系サービスという新たなサービスも追加された。地域密着型サービスとは，要介護3から要介護5の中程度または重度の要介護者を対象にするものであり，独居老人や認知症を抱える高齢者が自宅で生活を続けられるように支援することを目的としている。居宅系サービスは，自宅と施設の中間に位置づけられるケア付き居住施設や有料老人ホームなどの特定施設である。

これらのサービスが追加されることで，各地域の要介護者の多様なニーズに対応することが可能になり，地域介護ネットワークの総合化が進められる。

同時に，こうした制度改革は，介護費の膨張を抑えることを狙いとして実施された側面もある。高齢者が介護予防に積極的に取り組めば，要介護者の減少や要介護度の重度化を遅らせることにつながり，介護給付費の抑制が期待できる。また，地域密着型サービスの充実は，施設に入所しがちな中程度または重度の要介護者を居宅サ

ービスに誘導することで，割高な施設サービスの利用を抑えることを意識して実施される。そして，居宅系サービスの充実も，割高な施設サービスの代替となるサービスを提供することで，給付費を抑制することを目的にしているといえよう。

そして第3に，2009年4月から介護保険制度の第4期が始まり，それにともない介護報酬と第1号保険料の改定がおこなわれた。

まず，介護従事者の処遇の改善を主な目的に，介護報酬が3％引き上げられた。この改定が介護従事者の労働条件の改善につながるかどうかには疑問が寄せられている。それは別としても，この介護報酬の改定は，各地域の介護の現場では人材の確保や育成が困難であるという深刻な問題があることを物語っているのであり，地域介護システムを構築するための条件の整備に向けた動きであるといえよう。

また，第1号保険料の改定もおこなわれ，保険料の月額の全国平均は4090円から4170円になり，これまでで最も小幅な増額であった。介護給付費の動向は地域ごとに多様であり，保険料を大幅に引き上げた市町村もあるが，今後も第1号保険料の負担をふまえて地域介護サービスの量やその編成が検討されていくであろう。札幌市では，第1号保険料の月額が4205円から4130円になり，初めての減額改定になったが，これまで介護給付費準備基金に積み立てていた余剰金を取り崩したことが減額に寄与した側面が大きいようである。

一連の介護保険制度の改革は，租税資金の投入を通して地域介護システムの構築を支えるという，制度の本質的な役割をいっそう明確にするものであると評価できる。一方で，介護費の膨張を抑える

という課題が早くも意識されていることも事実である。介護費の抑制という課題を意識しながら，地域住民が主体になって地域介護システムを構築できるかどうかが鍵であり，地域に根ざした積極的な再編が進められることが期待されている。

3　地域保険化の意義：むすびにかえて

以上のように，20世紀に構築された租税資金の投入と財政調整の仕組みが維持されるなかで，21世紀の条件に整合的な医療保険制度と介護保険制度への再編が模索されている。20世紀の福祉国家の基準からすれば，21世紀には厳しい過程をたどることになるであろう。しかし，それは同時に，高齢者への医療保障と介護保障の本質的な意味を再検討するきっかけであり，単なる量的な充実または金銭的な意味での保障ではなく，何よりも人びとが暮らす地域の目線で検討されるべき課題である。高齢社会にふさわしい地域医療や地域介護のシステムを構築するために，地域保険化という方向を意識しながら社会保険の再編が進められるのである。

（櫻井　潤）

参考文献

有岡二郎（1997）『戦後医療の50年』日本醫事新報社

栄畑潤（2007）『医療保険の構造改革』法研

京極高宣（1997）『介護保険の戦略』中央法規出版

月刊介護保険編集部編（2006）『平成18年改訂版　介護保険ハンドブック』法研

国民健康保険中央会編（1989）『国民健康保険50年史』ぎょうせい

佐口卓（1995）『国民健康保険』光生館

櫻井潤（2007）「地域病院の再編」（渋谷博史・水野謙二・櫻井潤編『地域の医療と福祉』学文社　所収）

櫻井潤（2009）「介護保険制度と地域」（渋谷博史・塚谷文武・櫻井潤『福祉

国家と地域と高齢化』学文社 所収)
地域差研究会編 (2001)『医療費の地域差』東洋経済新報社
二木立 (2007)『介護保険制度の総合的研究』勁草書房
根岸毅宏 (2003)「老人保健制度の地域間再分配」(『経済学論纂』[中央大学] 第43巻第3・4合併号 所収)
水野謙二 (2007)「阪南市の挑戦」(渋谷・水野・櫻井編 前掲書 学文社 所収)
宮島洋 (2004)「社会保障の財政制度」(堀勝洋編『社会保障読本』(第3版) 東洋経済新報社 所収)
矢吹紀人・相野谷安孝 (2003)『国保崩壊』あけび書房
結城康博 (2008)『入門 長寿 (後期高齢者) 医療制度 (再版)』ぎょうせい
吉村健二・和田勝 (1999)『日本医療保険制度史』東洋経済新報社
厚生統計協会編『国民の福祉の動向』各年版，ぎょうせい
厚生統計協会編『保険と年金の動向』各年版，ぎょうせい
厚生労働省 (2005)「みんなで支えよう介護保険」(http://www.mhlw.go.jp/topics/kaigo/topics/0508/index.html)
厚生労働省 (2006)『介護保険制度改革の概要』(http://www.mhlw.go.jp/topics/kaigo/topics/0603/dl/data.pdf)
厚生労働省監修『厚生労働白書』各年版，ぎょうせい
札幌市会計室編 (2007)『平成18年度札幌市歳入歳出決算事項別明細書』札幌市会計室
札幌市保健福祉局保健福祉部編 (2009)『第5期札幌市高齢者保健福祉計画・第4期札幌市介護保険事業計画』札幌市
総務省編『地方財政白書』各年版，ぎょうせい
内閣府編『高齢社会白書』各年版，ぎょうせい
健康保険組合連合会のホームページ (http://www.kenporen.com/)
全国健康保険協会のホームページ (http://www.kyoukaikenpo.or.jp/)
東京都後期高齢者医療広域連合のホームページ (http://www.tokyo-ikiiki.net/)
札幌市のホームページ (http://www.city.sapporo.jp/city/)

第5章 国民皆保険システムのほころび
:「無保険」問題の顕在化

　日本の医療保険制度の最大の特徴は、国民皆保険システムをとっていることである。歴史的には、1958年に国民健康保険法が改正され、1961年までに既存の健康保険や共済などに加入しないすべての人が国民健康保険に加入することで、国民皆保険を実現した。[*]

　しかし、日本の医療保険制度は、21世紀の経済・社会の変化のなかで、その制度理念と現実との乖離がますます大きくなりつつある。そのひとつの現れが、いわゆる「無保険」問題の顕在化である。

　以下では、制度的例外としての生活保護による医療保障の現状と、国民皆保険システムの要である国民健康保険において顕在化する「国民皆保険」の"ほころび"を検討する。

5.1 国民皆保険システムとセフティネットとしての生活保護

　日本の医療保険制度は国民皆保険システムであり、すべての国民はいずれかの公的医療保険に加入し、被保険者とその被保険者を雇用する事業主が保険料の納付義務を負っている。公的医療保険への加入の義務は、同時に保険料納付の義務をともなう。しかし、保険料納付の義務を果たすことが困難な世帯は、制度的例外として、国民健康保険から脱退し、生活保護によりその医療費が賄われる。

＊国民健康保険法では、「市町村又は特別区（以下単に「市町村」という。）の区域内に住所を有する者は、当該市町村が行う国民健康保険の被保険者とする」（第5条）としたうえで、その被保険者にならない者として、職域保険の被保険者などを適用除外として列挙している。

すなわち、社会保険料の拠出を給付の根拠とする社会保険で構築する医療保障システムにおいて、その拠出が困難な人びとを引き受けるセフティネットが用意され、それが、租税資金で賄われる医療扶助（生活保護の一環）である。大きな視野でみれば、日本の医療保障システムとは、社会保険の仕組みによる皆保険システムを、租税資金による医療扶助がセフティネットとしてバックアップするという構造を有している。したがって、社会保険料を拠出できない人びとに対して、セフティネットが全面的に機能できないときには、社会保険と医療扶助のはざまに「無保険者」を大量に生み出すことになる。

本章では、アメリカにおける大量の「無保険」問題の事例を念頭におきながら、近年の日本における「無保険」問題を検討したい。

1 医療扶助の仕組み

生活保護の受給が決定した場合、ほとんどの被保護者*あるいは要保護者**は国民健康保険から脱退し、扶助の一種である「医療扶助」でその医療費が賄われることになる。***

医療扶助は、原則として要保護者（被保護者）が申請して認められた場合に開始される（申請保護の原則）。医療扶助の流れは図表5.1のようになっている。

第1に、医療扶助を受けようとする者は、居住する市町村などを担

---

*現に保護を受けている者を指す（生活保護法第6条1）。
**現に保護を受けているといないとにかかわらず、保護を必要とする状態にある者を指す（生活保護法第6条2）。
***国民健康保険法第6条では、国民健康保険の被保険者にならないものを列挙しており、その9で「生活保護法（昭和25年法律第144号）による保護を受けている世帯（その保護を停止されている世帯を除く。）に属する者」をあげている。ただし、保護を受給する勤め人で職域保険に加入できる場合は、それを妨げていない。「被保護者全国一斉調査」（平成18年度）によると、被保護者の被用者保険加入率は2.4％である。

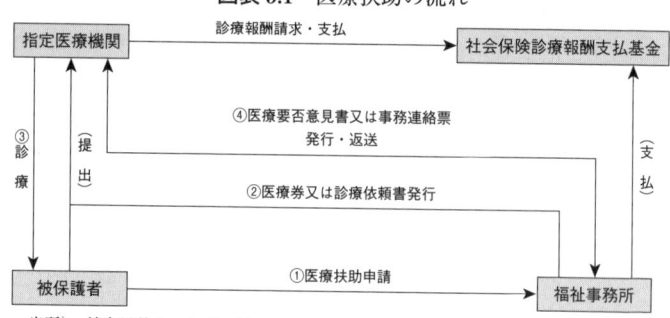

図表 5.1　医療扶助の流れ

```
指定医療機関 ──診療報酬請求・支払──→ 社会保険診療報酬支払基金
   ↑↓                ④医療要否意見書又は事務連絡票          ↑
   ③（提                    発行・返送                      （支
   診  出                                                    払
   療）               ②医療券又は診療依頼書発行              ）
   ↑↓                                                       ↑
被保護者 ──────①医療扶助申請──────→ 福祉事務所
```

出所）　神奈川県ホームページ。

当する福祉事務所等に保護を申請し，福祉事務所等が医療の必要性を判断した上で医療扶助の適用を決定する（図表 5.1 ①）。

　第2に，福祉事務所等は，その都度「医療券・調剤券」または「診療依頼書」を発行し（②），要保護者（被保護者）はそれを持って医療扶助指定医療機関を受診することで，必要な医療を受けることができる（③）。

　ただし第3に，医師の意見を必要とする場合は，福祉事務所から「医療要否意見書」が指定医療機関に送付され，指定医療機関からの返送で必要性が認められて，医療券が発行される（④）。

　また第4に，医療の給付が2ヵ月以上にわたって必要な場合は，福祉事務所が「事務連絡票」または電話等で，翌月の医療の必要性を確認したうえで，医療券が発行される。*

　なお第5に，医療扶助指定医療機関は，「医療要否意見書」及び「事務連絡票」への記載は無償でおこなうこととされている。

　医療扶助は，被保護者に対する金銭給付ではなく，現物給付すなわち医療サービスや薬剤などの「現物」を提供するのが原則である。その現物に対する対価である診療報酬は，社会保険診療報酬支払基

＊医療扶助開始後6ヵ月を超えるときには，医療要否意見書によって，福祉事務所と指定医療機関との間で継続する必要性などを確認する（神奈川県ホームページ）。

金を通して、福祉事務所から公費（租税資金）によって指定医療機関に支払われる。

医療扶助の給付対象は以下のものである。

① 診察（生活保護法による指定医療機関の診療方針や診療報酬については、国民健康保険の診療方針や診療報酬の例によることとされている）
② 薬剤または治療材料
③ 医学的処置、手術及びその他の治療ならびに施術
④ 在宅における療養上の管理及びその療養に伴う世話その他の看護
⑤ 病院または診療所への入院及びその療養に伴う世話その他の看護
⑥ 移送

2 生活保護の実態

図表5.2は、生活保護受給世帯実数（1ヵ月平均）と保護率（(被保護世帯数；1ヵ月平均)を「国民生活基礎調査」の総世帯数（世帯千対）で除して算出）の年次推移を示したものである。生活保護を受ける被保護世帯は、1980年代後半から1990年代半ばまでは減少傾向にあったが、21世紀に突入するあたりから急増している。2008年度の被保護実世帯は114.9万世帯であり、保護率は24.0‰であった。厚生労働省「社会福祉行政業務報告」によると、2008年度の生活保護受給世帯（1ヵ月平均）は、前年度比4.3万世帯増（3.9%増）となり、8年連続で過去最多を更新した。生活保護受給世帯数は16年連続で増加している。

生活保護開始の主な理由は、「病気・けが」をきっかけとするものが最も多く、「勤労による収入の減少・喪失」「貯金等の減少・喪失」が続く。図表5.3は保護開始の主な理由でみた世帯数の割合であるが、2008年9月中の保護開始の理由でみると、「傷病による」

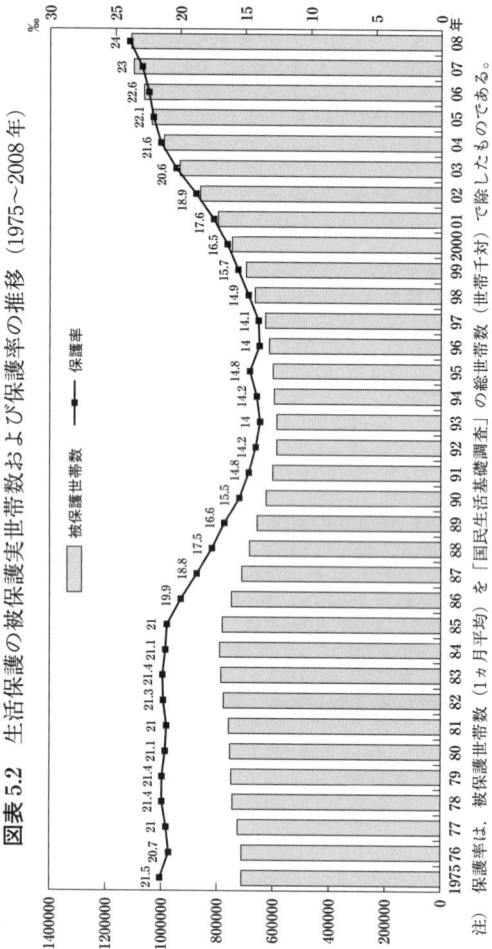

図表 5.2　生活保護の被保護実世帯数および保護率の推移（1975～2008年）

年	保護率(‰)
1975	21.5
76	20.7
77	21
78	21.4
79	21.1
80	21.3
81	21.4
82	21.1
83	21
84	19.9
85	18.8
86	17.5
87	16.6
88	15.5
89	14.8
90	14.2
91	14
92	14.8
93	14
94	14.1
95	14.9
96	15.7
97	16.5
98	17.6
99	18.9
2000	20.6
01	21.6
02	22.1
03	22.6
04	23
05	24
06	
07	
08	

注）　保護率は、被保護世帯数（1ヵ月平均）を『国民生活基礎調査』の総世帯数（世帯千対）で除したものである。
出所）　厚生労働省（2008）『平成20年度 社会福祉行政業務報告（福祉行政報告例）』、国立社会保障・人口問題研究所『生活保護に関する公的統計データ一覧』より作成。

第5章　国民皆保険システムのほころび　143

図表 5.3　生活保護開始の主な理由別世帯数の構成割合（2004〜2008年）

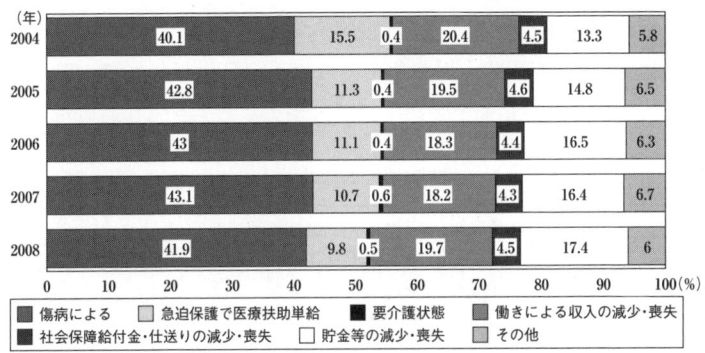

年	傷病による	急迫保護で医療扶助単給	要介護状態	働きによる収入の減少・喪失	社会保障給付金・仕送りの減少・喪失	貯金等の減少・喪失	その他
2004	40.1	15.5	0.4	20.4	4.5	13.3	5.8
2005	42.8	11.3	0.4	19.5	4.6	14.8	6.5
2006	43	11.1	0.4	18.3	4.4	16.5	6.3
2007	43.1	10.7	0.6	18.2	4.3	16.4	6.7
2008	41.9	9.8	0.5	19.7	4.5	17.4	6

注）　各年9月中の保護世帯を対象とする。
出所）　厚生労働省（2008）『平成20年度　社会福祉行政業務報告書（福祉行政報告例）』より作成。

が41.9％（6838世帯）で最も多く，続いて「働きによる収入の減少・喪失」が19.7％（3217世帯），「貯金等の減少・喪失」が17.4％（2842世帯）となっている。2004年からの推移でみると，「急迫保護で医療扶助単給」が減少する一方で，「貯金等の減少・喪失」を主な理由とする生活保護開始が多くなってきている。

図表 5.4　主な扶助別保護費の年次推移（1985〜2006年）
(100万円)

凡例：保護費総額　生活扶助費　住宅扶助費　教育扶助費　医療扶助費

2006年の値：
- 保護費総額　2633334
- 医療扶助費　1349998
- 生活扶助費　863830
- 住宅扶助費　343867
- 教育扶助費　11902

出所）　国立社会保障・人口問題研究所（各年）『社会保障統計年鑑』より作成。

金額ベースでみると，医療扶助は保護費のなかで最も大きい割合を占める（図表5.4）。2007年度の保護費総額は2.6兆円で，うち医療扶助費は1.3兆円で，保護費全体のおよそ5割を占めている。

また，扶助の種類別にその受給状況をみてみると，医療扶助が最

図表5.5 扶助別被保護実世帯数の年次推移

年	被保護実世帯数	生活扶助	住宅扶助	教育扶助	介護扶助	医療扶助	その他の扶助
1985	780,507	638,948	482,873	149,914	・	652,262	3,945
1986	746,355	614,804	476,341	138,305	・	625,760	3,596
1987	713,825	594,022	468,429	125,387	・	603,848	3,456
1988	681,018	566,727	453,163	110,383	・	578,635	3,307
1989	654,915	542,406	439,023	96,861	・	558,197	3,103
1990	623,755	514,995	420,013	83,565	・	534,031	2,860
1991	600,697	495,167	405,515	72,307	・	519,157	2,627
1992	585,972	481,620	396,564	64,289	・	510,216	2,556
1993	586,106	482,039	399,822	59,969	・	511,629	2,348
1994	595,407	489,779	410,129	57,661	・	522,859	2,363
1995	601,925	493,992	413,032	55,091	・	533,189	2,243
1996	613,106	505,706	425,812	53,235	・	546,479	2,334
1997	631,488	523,474	444,059	52,822	・	563,885	2,366
1998	663,060	551,417	472,949	54,405	・	592,508	2,247
1999	704,055	589,498	512,514	57,669	・	629,733	2,142
2000	751,303	635,634	554,313	61,494	64,551	672,676	2,265
2001	805,169	685,794	601,189	66,419	81,171	720,153	2,386
2002	870,931	748,553	659,143	72,560	101,410	775,570	2,590
2003	941,270	816,363	723,287	78,887	121,712	832,931	2,818
2004	998,887	869,384	778,456	83,751	141,009	886,678	3,182
2005	1,041,508	908,232	820,009	86,250	157,231	927,945	27,978
2006	1,075,820	940,074	855,552	87,359	165,650	944,574	31,399
2007	1,105,275	968,017	885,362	87,122	177,650	971,581	33,238
2007年の扶助別受給率	100.0%	87.6%	80.1%	7.9%	16.1%	87.9%	3.0%

注）1ヵ月平均である。
　　「その他の扶助」とは，出産扶助，生業扶助，葬祭扶助の計である。
　　「その他の扶助」には「生業扶助」が含まれるが，2005年4月より高等学校修学費の区分が追加された。
出所）生活保護の動向編集委員会（2008）『生活保護の動向』より作成。

も多い。図表 5.5 は扶助別に被保護実世帯の年次推移をみたものであるが，2007 年の医療扶助の受給世帯は 97.2 万世帯で，被保護世帯の 87.9％が受給している。ちなみに，2 番目に受給世帯が多いのは生活扶助（衣食などの生活費），3 番目に多いのは住宅扶助である。

5.2 日本の「無保険」問題とは：アメリカ的状況の拡大

1 アメリカの「無保険」問題

周知のように，アメリカの医療保障は，基本的に企業保障（雇用主提供医療保険）を主軸とする民間医療保険で多くの国民がカバーされ，それをセフティネットとしてのメディケイド等の公的扶助でバックアップするという構造である（長谷川 [2010]）。そして，企業保障とセフティネットの公的扶助のはざまに「無保険」問題は顕著なかたちで存在して，現在では 4000 万人を超えるといわれている。

すなわちアメリカでは，強制加入の公的医療保険は，主として 65 歳以上の高齢者を対象としたメディケア（Medicare）のみであり，65 歳未満の非高齢者にとっての主な医療保険加入先は，雇用主が被用者やその家族，退職者に対して，付加給付（fringe benefit）の一つとして提供する医療保険（雇用主提供医療保険）である。

しかも，雇用主にとって医療保険の提供あるいは保険料拠出が法的な義務ではなく任意であり，また被用者・退職者にも医療保険への加入義務がなく，任意である。したがって，大企業の正規雇用の場合には雇用主提供医療保険の加入率が高く，非正規雇用や小企業の場合には加入率が低い傾向がみられ，その結果，大量の無保険者が生じるのである。2008 年の非高齢者の無保険者数は約 4570 万人，無保険率は 17.4％に上っている（Fronstin [2009]）。

本人の就労状況別に無保険率をみると,無職の人の26.0%が無保険で最も無保険率が高い一方で,有職者であってもその2割近くが無保険となっている(世帯主被用者の19.2%,その他の被用者の18.1%が無保険)。これは,被用者50人未満の小企業の5割以上が被用者に対し医療保険を提供しておらず(小企業の43.2%;2008年),また21世紀に入ってより多くの雇用の受け皿となっている小売業や専門的サービス業の医療保険の提供率も6割程度にとどまっている(小売業の60.1%,専門的サービス業の61.1%)など,企業規模や業種によって医療保険の提供に差異があるからである。雇用先での医療保険への加入資格があるにもかかわらず,過重な保険料負担を理由に無保険となっている被用者も少なくない(無保険の被用者の73.2%が保険加入辞退の理由として「コストがかかりすぎる」ことをあげている (Fronstin [2009]))。

さらに,いわゆる非正規雇用形態で働く被用者の場合,雇用先での医療保険への加入率が低い。特に,派遣労働者の医療保険加入率は非常に低く,雇用主が提供する医療保険への加入率は7.9%(2005年)にすぎない (U.S.Bureau of Labor Statistics [2005])。これは,派遣労働者の場合,雇用先は派遣先企業ではなく派遣元企業であり,医療保険の提供が多くないことを反映したものといえる。

2 日本の「無保険」問題

日本の国民皆保険システムは,雇用関係をもとにする被用者保険に加入しない自営業者等に対して,市町村が運営する国民健康保険があり,さらにその背後で支えるセフティネットとして生活保護があることは,上述のとおりである。日本においては,すべての国民にいずれかの公的医療保険への加入義務があるため,「無保険」と

いう状況は生じないというのが建前である。

しかし，保険料を納付できない状態が長期にわたれば，保険証の期限が切れ，保険医療を受けられない実質的な「無保険」状態が生じうる。政府は2000年4月に，保険料を1年以上滞納した加入者に保険証を返還させて保険給付を差し止め，代わりに加入者であることを示す資格証明書を交付するよう，国民健康保険の保険者である市町村などに義務づけた。このことが，保険料滞納による「無保険」状態に陥る人を顕在化させている。

また，失業などを機に勤務先での健康保険を喪失後，国民健康保険への加入手続きを取らなければ「無保険」状態は生じてしまう。つまり，雇用関係の途絶（失業）の可能性の高まりが，医療保険喪失の危険性を高めている。経済状況が悪化するなかで，日本における「無保険」問題はよりいっそう拡大する懸念が強まっている。

過重な保険料負担による医療保険からの離脱，そして就労形態による医療保険からの排除というアメリカ的状況は，日本の皆保険システムのなかでも，拡大しつつあるといえよう。

5.3 保険料の滞納による「無保険」状況の発生

国民健康保険に加入しているが，保険料を滞納して未納状態が長く続くことで，実質的に「無保険」状態に陥る人が増加しているようである。

2009年6月8日の毎日新聞で以下のような事件が報道されている。

「大阪府守口市の古びた賃貸マンション」で，07年6月，「この屋上に放置された冷蔵庫から，衰弱死した女性（当時58歳）の遺体が見つかった」事件で，その夫（当時は清掃員で，収入は月十数万円）が

死体遺棄罪などで懲役3年6月の実刑が確定して、服役している。

地裁判決によると、当時「ぜんそくなどに苦しみながらも診療を拒んだ妻は自室で息を引き取り、夫は数日後、冷蔵庫に葬った。所持金はほとんどなかった。」

さらに判決文の中で、「夫は愛情を持って介護していた。妻が病院行きを拒んでいたのは、家計の窮状をおもんぱかって我慢したため」と述べたというのである。

同新聞の調査によれば、「守口市の保険料は全国6番目に高かった。夫婦は自己破産しており、医療費が免除される生活保護を受給できた可能性もある。窮状を訴えれば、保険料が減免されたかもしれない。しかし、市への相談はなかった」という。

この記事から、この夫婦は保険料を滞納しつづけた結果、保険証はすでに期限が切れ、実質的に保険医療が受けられない状態であったと思われる。保険料滞納に相応の理由があれば、生活保護による援助や保険料の減免が受けられたかもしれないと記事も指摘しているが、いずれも申請原則であり、老夫婦二人の介護生活で役所に申請に行くということ自体が困難であったと考えられる。

同じ記事のなかで紹介されていた、もうひとつの事例をみてみよう。それは、京都市で2008年9月に大腸がんで亡くなったトラック運転手の男性（当時61歳）の事例であり、同様に「無保険」状態であった。

京都市内の建設会社に勤務して、その会社の寮に住んでいたその男性は、「日給1万3000円の仕事があるのは、月10日ほどだ。1日2100円の寮費を払い、食べるのに精いっぱいだった」という経済状態であった。そして「約10年前から職場の健康診断で『心臓肥大』を指摘されていたが、無保険のため病院には行かなかった。動悸が激し

くなった昨年5月,意を決して区役所へ向かった」というのである。しかし,区役所で国保加入を相談した際には,「保険料は2年分さかのぼった50万円が必要」などと窓口で聞いて断念し,その「3ヵ月後に病院の門をくぐった時は,手遅れだった」というのである。

ただし,その入院時に病院が生活保護の手続きをし,医療費は免除になったが,すでに医療的にがん末期で手遅れであったために,手術の12日後に死亡したという経緯である。

この男性は,建設会社に勤めつつも日雇いの労働者であり,職域保険に加入できなかったと考えられる。その場合,国民健康保険に加入することになるが,加入にはその市町村に住所を有すること以外になんら要件はない。

しかしながら,保険への加入は同時に,保険料負担の義務を現実化させる。滞納分の保険料についても分納や減免・減額の可能性もあり,また病状や仕事の状況から国民健康保険ではなく生活保護による救済もあったはずである。公的医療保険と生活保護制度のはざまで,この男性は多額の保険料負担を理由に「無保険」状態に陥ったと考えられる。

2000年に示された厚生労働省の指導で,1年以上の滞納者に対しては健康保険証を取り上げ,代わりに「資格証明書」を交付することが,市町村などに義務づけられた。「資格証明書」に切り替えるということは,その被保険者に対し,保険からの給付をおこなわないということである。つまり,もし資格証明書で病院などを受診すれば,その医療費負担は10割自己負担で,後に保険料を納付すれば保険給付分(原則,医療費の7割)が還付される。また,保険料滞納分の一部を納入し分納などを約束することで,短期保険証に切

図表 5.6 国民健康保険料の滞納世帯数および資格証明書，短期保険証への切り替え世帯数の推移

年	2003	2004	2005	2006	2007	2008
全世帯数	23,713,339	24,436,613	24,897,226	25,302,112	25,508,246	21,717,837
国民健康保険料の滞納世帯						
滞納世帯数	4,546,714	4,610,082	4,701,410	4,805,582	4,746,032	4,530,455
滞納世帯の割合(％)	19.2	18.9	18.9	19.0	18.6	20.9
資格証明書の交付状況の推移						
交付世帯数	258,332	298,507	319,326	351,270	340,285	338,850
短期被保険者証の交付状況の推移						
実施市町村数	2,831	2,913	2,277	1,763	1,743	1,760
交付世帯数	945,824	1,045,438	1,072,449	1,224,849	1,156,381	1,241,809

注) 各年6月1日現在の状況。
全世帯数は2007年までは各年3月31日現在（国民健康保険事業年報より），2008年は6月1日現在の状況である。
2008年は速報値。
2007年以降の滞納世帯数は6月1日現在で国民健康保険の資格を有する世帯とすることを明確化したところであり，2006年までとの比較には注意を要する。
出所) 厚生労働省（2008）『「資格証明書の発行に関する調査」の結果等について』より作成。

り替えられた人もいる。

図表5.6によると，国民健康保険の滞納世帯は，2008年453万世帯で，全世帯の20.9％に達する。そのうち，保険証から資格証明書に切り替えられた世帯は33.9万世帯（滞納世帯の約7.5％）で，短期保険証に切り替えられた世帯は124.2万世帯（滞納世帯の約27.4％）である。資格証明書を交付された滞納世帯，短期保険証に切り替えられた滞納世帯ともに，2003年と比較するとそれぞれ約8.1万世帯，約29.6万世帯も増加している。

保険料滞納による「無保険」状態の発生は，保険料収納率の低下からもみてとれる（図表5.7）。金額ベースでみると，国民健康保険の保険料収納率（収納額*/（調定額**－居所不明者分調定額）で算出）

＊国民健康保険の被保険者が，保険者である市町村に対し，実際に納税した金額のことである。
＊＊保険者である市町村が，納税者である国民健康保険の被保険者に通知した，納付すべき金額のことである。

図表 5.7 国民健康保険の保険料調定額と未納率

年	1世帯当たり調定額		1人当たり調定額		収納率(%)	未納率(%)
	金額	対前年度比	金額	対前年度比		
1998	153,750	0.980	75,918	0.991	91.82	8.18
1999	152,690	0.993	76,194	1.004	91.38	8.62
2000	157,005	1.028	79,123	1.038	91.35	8.65
2001	156,267	0.995	79,512	1.005	90.87	9.13
2002	154,966	0.992	79,321	0.998	90.39	9.61
2003	151,301	0.976	77,991	0.983	90.21	9.79
2004	151,770	1.003	78,959	1.012	90.09	9.91
2005	152,659	1.006	80,352	1.018	90.15	9.85
2006	154,524	1.012	82,580	1.028	90.39	9.61
2007	155,665	1.007	84,367	1.022	90.49	9.51

注) 2000年以降の調定額には，介護保険料分も含む。
出所) 厚生労働省 (2007)『平成19年度 国民健康保険事業年報』より作成。

は，1998年から2004年までは低下傾向にあったが，2005年以降徐々に増えてきている。ただし，未納率は10年前と比較すると9.51％ (2007年) と依然として高い。日本経済新聞 (2009年5月23日) は，国民健康保険の保険料未納率が2008年度に1割を超え，過去最高の水準に悪化する見通しであることを伝えている。その要因として，第1に「景気後退で低所得世帯を中心に保険料の滞納が増えている」ことをあげ，第2に「後期高齢者医療制度の導入に伴い，他の年齢層より納付率が高かった75歳以上の加入者が脱退したこと」も外的要因として指摘している。

また，2008年9月に初めて，厚生労働省は，国民健康保険の滞納世帯のなかで，中学生以下の無保険の子についての実態調査を実施した。図表5.8に示すように，都道府県ごとの調査報告から，全国で資格証明書交付世帯33.1万世帯のうち，中学生以下の子どもがいる世帯は1.9万世帯，3.3万人近くの子どもが「無保険」状態

図表 5.8 資格証明書交付世帯における子ども（中学生以下）の数

2008 年 9 月 15 日時点

滞納世帯数	交付世帯数	資格証明書交付世帯のうち					
		子どものいる世帯	乳幼児数	小学生数	中学生数	中学生以下計
3845597	330742	18240	5522	16327	11054	32903

注）数値は，各都道府県からの調査結果の数値を単純に合計したものである。
　　都道府県の調査には，一部 2008 年 9 月 15 日時点よりも前の数値，あるいは不明だったものも含まれる。
出所）厚生労働省（2008）『「資格証明書の発行に関する調査」の結果等について』より作成。

にあることが明らかとなった。

ただ，「子どもの無保険」という事態に対しては，政府も早急な対応策を打ち出した。2008 年 12 月の国民健康保険法改正で 2009 年 4 月から，滞納世帯でも通常の保険給付が受けられるように保険料を 1 年以上滞納して保険証を返還させられた世帯でも，子ども名義の期限 6 ヵ月の短期保険証の交付が市区町村に義務化された。与野党間で「子どもに保険料滞納の責任はない」との認識で一致したことが大きかったようである。*

5.4　国保への未加入による「無保険」状況の発生

失業により職域保険から脱退した人が，国民健康保険への加入手続きをせず，未加入のまま「無保険」状態に陥る危険性も高まっているようである。

2009 年 4 月 15 日の朝日新聞で，「失業とともに健康保険証を失い，無職でも入れるはずの国民健康保険（国保）に加入できず，病

---

*アメリカにおいても，子どもに対する医療保障には公的支援の拡大が現実化している。1997 年の財政調整法にもとづく制度改革で創設された州児童医療保険プログラム（SCHIP）は，医療扶助であるメディケイド（Medicaid）の受給要件を上回る低所得世帯の無保険の子どもを対象にしたものであり，44 州が連邦貧困ライン 200% 以上の所得世帯の子どもも対象としている（Ross and Marks [2009]）。

第5章 国民皆保険システムのほころび

気になっても医者にかかれないケース」が報道されている。

2008年11月に派遣先の福岡県の自動車工場を解雇された元派遣社員の男性（37歳）が，その1ヵ月後の師走に，「熱と頭痛に苦しみながら，厳寒の大阪・キタの街をさまよっていた」というのである。

解雇された時に，寮を退去させられたので住居を失い，さらに「在職中は派遣会社が加入する被用者保険に入っていた」が，「健康保険証を返した」ので，医療保障もなくなった。

そして，「解雇後は野宿しながら仕事を探し」ていたので，国保に加入する時間的余裕もなく，保険料を納付する経済力にも欠けていた。この記事は，もう一つ興味深い事実を述べている。

これまで「無保険」といえば，「国保の保険料を滞納して保険証を返還させられた人」を指しており，厚生労働省によると，08年は約34万世帯であった。しかし，この「男性のようにはじめから国保に加入していない人については，国は数をつかんでいない」。

すなわち，日本における新たな「無保険」問題は，第1に，失業により被用者保険を脱退後，国保への加入手続きをしていないことで「無保険」に陥る状況が発生しており，第2に，医療保険に加入していないことで，病院などの医療サービスへのアクセスに支障をきたす危険性が高まっており，第3に，国は国保「未」加入者の数を把握していない，ということである。

同じ朝日新聞の記事のなかでは，失業者が国保「未加入」によって無保険となる要因として2点指摘している。

1点目に，国保加入手続きは，その市町村に住民登録していることが前提であるため，住所が定まらなければ，加入手続きすら取れない。失業とともに企業の寮を退去してしまうと，その後新たな住所が定まらなければ，加入を受け付けてもらえない可能性が高い。

2009年10月30日に厚生労働省が発表した「非正規労働者の雇止め等の状況について」によると，派遣または請負契約の期間満了，中途解除による雇用調整および有期契約の非正規労働者の期間満了，解雇による雇用調整について，2008年10月から2009年12月までに実施済みまたは実施予定として把握できたものは，全国で4262事業所，約24.4万人（うち「派遣」約14.3万人：58.6%，「契約（期間工など）」約5.6万人：22.8%，「請負」約1.9万人：7.8%，「その他」約2.6万人：10.8%）にのぼる。このなかで，住居が判明した13.5万人のうち，寮を退去するなど住居を失ったものは3394人（2.5%）であったという。

2点目に，国保保険料の負担が大きいということである。失業によって収入が途絶して無収入でも，保険料は前年の所得をもとに算定される。勤め人として健康保険組合や協会けんぽに加入していた場合，失業とともに，保険料が労使折半ではなく全額自己負担で「任意継続被保険者」として既存の職域保険に加入し続けるか，同じく保険料が全額自己負担である市町村の国民健康保険に切り替えるかの選択を迫られる。

組合健保に加入していた場合，被保険者の保険料負担は標準報酬及び標準賞与額に各健保の定める保険料率を乗じて計算される。大企業が設置する多くの健保では，労使間での負担割合は折半よりも被保険者の負担が少なく設定されている。[*]協会けんぽの場合は，2009年8月までは全国一律の保険料率（8.2%）であったが，2009

---

[*] たとえば，トヨタ自動車健康保険組合の2009年度の健康保険料率は6.2%で，被保険者（労働者側）1.95%に対し事業主（雇用主側）4.25%の分担割合としている（トヨタ自動車健康保険組合ホームページ）。

第5章 国民皆保険システムのほころび 155

図表5.9 国民健康保険料(税)率などの比較(平成21年度、政令指定都市)

都道府県名	都市名	所得割の算定方式	医療分保険料(税)率 所得割	医療分保険料(税)率 資産割	医療分保険料(税)率 均等割	医療分保険料(税)率 平等割	後期高齢者支援分保険料(税)率 所得割	後期高齢者支援分保険料(税)率 資産割	後期高齢者支援分保険料(税)率 均等割	後期高齢者支援分保険料(税)率 平等割
北海道	札幌市	旧ただし書所得	9.46%	—	¥16,580	¥27,310	2.39%	—	¥4,210	¥6,930
宮城県	仙台市	市県民税額	122.00%	—	¥23,040	¥26,640	0.38%	—	¥6,720	¥7,800
埼玉県	さいたま市	旧ただし書所得	7.20%	—	¥24,000	—	2.10%	—	¥6,500	—
千葉県	千葉市	旧ただし書所得	5.37%	—	¥12,600	¥16,320	1.73%	—	¥4,080	¥5,280
神奈川県	川崎市	市県民税額	94.00%	—	¥14,668	¥20,116	29.00%	—	¥4,129	¥5,662
神奈川県	横浜市	市県民税額	1.05%	—	¥34,520	—	0.33%	—	¥9,970	—
新潟県	新潟市	旧ただし書所得	6.50%	—	¥18,000	¥219,000	2.50%	—	¥6,600	¥8,400
静岡県	静岡市	旧ただし書所得	5.10%	—	¥19,800	¥18,000	2.30%	—	¥8,400	¥6,000
静岡県	浜松市	市民税및所得割額	132.00%	20.00%	¥27,000	¥23,000	60.00%	10.00%	¥11,800	¥8,100
愛知県	名古屋市	市県民税額	96.00%	—	¥39,604	—	27.00%	—	¥11,079	—
京都府	京都市	旧ただし書所得	7.72%	—	¥25,520	¥19,110	2.77%	—	¥8,270	¥6,200
大阪府	大阪市	旧ただし書所得	7.90%	—	¥19,880	¥34,464	2.60%	—	¥5,992	¥10,387
大阪府	堺市	旧ただし書所得	9.50%	—	¥29,640	¥24,000	2.67%	—	¥8,160	¥6,480
兵庫県	神戸市	所得割額(加入者全員の所得に応じて)平成21年度算定用所得額	14.17%	—	¥24,430	¥27,580	4.01%	—	¥6,680	¥7,540
岡山県	岡山市	旧ただし書所得	7.20%	—	¥26,400	¥21,120	2.60%	—	¥8,880	¥6,960
広島県	広島市	市民税所得割額	165.00%	—	¥26,880	¥11,818	59.00%	—	¥8,622	¥3,791
福岡県	北九州市	旧ただし書所得	6.60%	—	¥17,560	¥23,470	2.60%	—	¥6,530	¥8,720
福岡県	福岡市	旧ただし書所得	8.31%	—	¥21,432	¥24,825	2.94%	—	¥7,303	¥8,392

注) 法定賦課限度額は、医療分47万円、支援分12万円である。
旧ただし書所得とは、前年の総所得金額及び山林所得金額並びに長期(短期)譲渡所得金額の合計から基礎控除額33万円を控除した額。

出所) 厚生労働省(2007)「平成19年度 国民健康保険実態調査」、各地方自治体のホームページより作成。

年9月より都道府県ごとに8.15%（長野県）から8.26%（北海道）の間で異なることになった。それでも保険料負担は労使間での折半である。

これに対し，国民健康保険の保険料は，応能負担である所得割や資産割だけではなく，加入者1人当たりの定額負担である均等割，1世帯当たりの定額負担である平等割を算定して決定される。保険料算定の方法は自治体によって異なる（図表5.9）が，毎日新聞（2009年6月8日）によると，2008年度に保険料を値上げしたのは全1794市区町村のうち801市町村（約44.6%）で，204市町村が5万円以上を増額していたという。

失業により安定した収入所得を失うことが，即座に社会保険からの離脱に結びつく状況が生まれているといえる。朝日新聞（2009年10月17日）によると，長妻厚生労働相は，解雇や倒産で職を失った人について，来年度（2010年度）から国民健康保険の保険料負担を本来より7割程度軽くする方針を決め，原則として失業直後から翌年度末まで，在職中と同程度の支払額で医療保険に入れるように，保険料減収分を国と地方自治体の公費で補うことを明らかにした。

雇用の喪失，そして雇用の不安定化は，それに直面した者を社会保険の網から即座にふるい落とす。保険料負担が困難であれば，制度的には生活保護によって救済することになるはずであるが，実際にはそのように機能していない。21世紀の日本における不安定雇用の拡大，失業率の悪化は，社会保険と生活保護のはざまに，「無保険」状態に陥る人をますます拡大させ，20世紀に築き上げた社会保障制度の構造的欠陥を浮き彫りにするであろう。

（長谷川　千春）

参考文献

厚生労働省（2006）『平成 18 年度 被保護者全国一斉調査』

厚生労働省（2007）『平成 19 年度 国民健康保険事業年報』

厚生労働省（2007）『平成 19 年度 国民健康保険実態調査』

厚生労働省（2008）『生活保護の現状と課題』（http://www.wam.go.jp/wamappl/bb11GS20.nsf/0/ba43317f0347b3c4492573d4000f1427/$FILE/20070118_1seikatsu-hogo_1.pdf）

厚生労働省（2008）『「資格証明書の発行に関する調査」の結果等について』（http://www.mhlw.go.jp/houdou/2008/10/dl/h1030-2a.pdf）

厚生労働省（2009）『平成 19 年度国民健康保険（市町村）の財政状況について（速報）』（http://www.mhlw.go.jp/houdou/2009/01/dl/h0116-1a.pdf）

厚生労働省（2009）『非正規労働者の雇止め等の状況について』（http://www.mhlw.go.jp/houdou/2009/10/dl/h1030-1a.pdf）

厚生労働省（各年）『社会福祉行政業務報告書（福祉行政報告例）』

厚生労働省（各年）『国民生活基礎調査』

国立社会保障・人口問題研究所編（各年）『社会保障統計年報』法研

生活保護の動向編集委員会編集（2008）『生活保護の動向』（平成 20 年版）中央法規出版

長谷川千春（2010）『アメリカの医療保障』昭和堂

Fronstin, P. (2009) "Sources of Health Insurance and Characteristics of the Uninsured: Analysis of the March 2009 Current Population Survey," *EBRI Issue Brief*, 334.

Ross, D.C. and C. Marks (2009) "Challenges of Providing Health Coverage for Children and Parents in a Recession," *Kaisercommission on Medicaid and the Uninsured*, 7855.

U.S. Bureau of Labor Statistics (2005) "Contingent and Alternative Employment Arrangements, February 2005," *News Release*, July 27.

神奈川県ホームページ（http://www.pref.kanagawa.jp/index.htm）

トヨタ自動車健康保険組合ホームページ（http://www.toyotakenpo.jp/）

第6章 自治体病院と地方財政
：地域からの福祉国家の検討[*]

　北海道夕張市の破綻問題などを受けて，平成21年度（2009）より自治体財政に対するチェックが強化されることになった。これにより，自治体の一般会計だけでなく下水道を始めとする特別会計についてもチェックの対象となることとなった。

　特別会計のなかでも，特に赤字化している分野の一つが，市町村や県などの自治体が設置する公営病院（以下，自治体病院）である。元来，自治体病院は通常の病院では実施できない不採算分野の医療や，僻地や過疎地といった住民の少ない場所でも人びとが必要な医療を適切に受給できるための場所として戦後設置されてきた。しかし，自治体財政の悪化の影響と，北海道夕張市や赤平市における病院の巨額の赤字などから，その運営が問題視されている分野でもある。近年，自治体財政の悪化を理由として行われた千葉県銚子市の自治体病院「銚子市立総合病院」の閉鎖を巡っては住民から大きな反発が生じたことは記憶に新しい。

　自治体病院という住民にとって必要不可欠な公的サービスが財政上の理由から危機に立たされていることは，本来であれば大きな問題である。監督官庁である総務省もこうした問題への対応策として，

---

[*]本研究は（財）とっとり地域連携・総合研究センターでの 2008 年度上期研究の成果を引用し，再構成したものである。引用および掲載を許可していただいた，財団に深く感謝申し上げたい。なお，本研究に係わる内容上の一切の問題は，当然，筆者に帰属する。

経営方法の見直しや一時的な赤字補塡のための特別地方債の発行など施策を講じてはいるものの，根本的な解決には未だ至っていない。*

そこで，本章では自治体財政の問題と関連させながら，自治体病院の現状と課題を説明していきたい。自治体病院では，診療報酬制度の改定や，医師の偏在といった制度要因から収益を悪化させている事例が多い。この点について，中国地方を事例に，黒字病院の割合推移等を取り上げ具体的に説明しよう。

また，そうした厳しい状況下でもさまざまな方針や地域との協力関係構築などを進めることで，黒字化を達成している自治体病院がある。こうした自治体病院がどのような方針のもとで地域医療を支え，黒字化を達成しているのかを，4ヵ年連続で経常収支上黒字を計上している二つの病院についてヒアリングをおこない，その内実を明らかにしていこう。事例は，いずれも都市部から離れ高齢化が進展する地域であるが，こうした地域では医療介護サービスが地域の核となっているケースが少なくない。

広島県旧御調町（現，尾道市）の公立みつぎ総合病院では，1970年代後半から地域における訪問介護制度を充実させ，町の保健福祉部門と病院を一体化させるなど独自の施策に取り組んできた。

鳥取県日南町の国民健康保険日南病院（以下，日南病院）でも介護医療など医療福祉分野を一体的に提供しつつ，中山間地域での医療提供が町の存続そのものを左右するという信念のもとに病院経営をおこなっている。

---

*総務省における議論については，公営病院に関する財政措置のあり方等検討委員会（2008）などを参照。

このように、本章では、これらの事例から学ぶ要素を抽出するとともに、医療サービスや福祉サービスの非大都市圏における数少ない提供主体である自治体病院が、地域においてどのような位置づけにあるかを考察していきたい。

6.1 自治体病院を巡る状況

自治体病院を巡る状況は、近年、全国的に厳しい状態が続いている。元来、自治体病院は不採算部門や僻地医療など収益性の観点から民間部門では実施が難しい医療サービスを提供する役割をもっている。一般にその経営は苦しく、自治体病院に対しては設置主体の自治体からの財政的支援が欠かせない。しかし、近年、自治体財政が逼迫するなか、自治体病院の赤字を補填することは年々難しくなってきている。

現在、全国で957の公営事業における病院事業が存在するが、そのうち、200病院が都道府県立、42病院が指定都市立、413病院が市立、198病院が町村立、残り104病院が一部事務組合立となっている。このうち、2007年度決算において経常損失を計上したのは病院全体の72.2％に上り、この率は近年増加傾向にある。図表6.1に2003年から2007年までの全国の病院事業会計における経常損失病院の割合などの推移をまとめた。

これをみると、自治体病院の数そのものが2004年以降、3年間で43病院が閉鎖されるなど、急速に減少していることがわかる。また、これにともない外来件数および入院患者の1日当たりの数も約70万人から59万人まで順次減少している。加えて、絶対数の減少とともに病床利用率などに代表される病院利用率そのものが

図表 6.1 病院事業会計の推移

年度	2003	2004	2005	2006	2007
病院総数	1,003	1,000	982	973	957
1日当たりの外来件数（人）	511,486	496,540	471,013	440,440	420,413
1日当たりの入院患者数（人）	196,198	193,464	189,123	179,080	173,259
病床利用率（%）	81.9	81.1	80.3	77.5	75.5
経常損失計上病院の割合（%）	61.1	65.4	65.5	74.5	72.2
累積欠損金を有する病院の割合（%）	75.7	78.2	78.5	82.8	83.7
不良債権を有する病院の割合（%）	12.6	13.7	14.5	15.6	17.1
経常損益総計（百万円）	△93,206	△131,724	△143,045	△199,699	△200,559
純損益総額（百万円）	△101,285	△126,071	△147,623	△198,489	△194,688

出所）総務省『公営企業年鑑』2009 年度より作成。

81％から75％へと5％近く低下していることを考えると、自治体病院における経営が年々困難になっていることがわかる。

特に、2005年以降2007年までで経常損益額が実に600億円近く急増するなど財務上の悪化は明らかである。この2005年以降の自治体病院の経営悪化の主な原因として、新臨床研修制度などに端を発する地方の医師不足がある。新臨床研修制度とは2004年度から実施された、大学でのカリキュラムを終えた研修医の過剰労働問題を解決するための政策で、2年間の研修期間を義務づける一方、研修医が自由に研修先を選別できるとするものである。この結果、一般に研修医が待遇や設備、研修体制の整った都市部の病院を選択することで、大学病院において医師の確保が難しくなり、それまで自治体病院へ派遣してきた医師を引き上げてしまう事例が増えたとされる。

こうした玉突き的な医師の減少によって、自治体病院の医師は近年では減少傾向にある。法律が施行された2004年以降から2006年の間で医師は2万4463から2万3253に低下した。2002年から2004年までの変化が66人増であったことなどを考えると、この間の医師

の減少がいかに大きいか明らかであるといえるだろう。

　病院事業における収入の多くを占める医業収益は，病床構成などにもよるが，病院に勤務する医師に大きく影響される。これは，入院病床を受け持ち常勤医の数がそのまま病院の医業収益を大きく左右するためである。医師の減少により入院および外来の受け入れが困難になり入院を断る事例は近年増加しており，2004年度以降93病院で医師不足の影響により患者の受け入れを停止した。このうち49病院は経営悪化に陥り廃業および診療所などへの転換を余儀なくされたとしている（読売新聞，2008年）。このように，医師の減少はそのまま病院経営の窮状に直結する。

　現在，厚生労働省において「臨床研修制度のあり方等に関する検討会」などを中心に全国的な医師の不足および偏在への対応を図る取組みについて審議がおこなわれている。しかし，こうした検討が政策として帰結するまでに更なる医師不足が自治体病院の収益構造を悪化させることが予想される。特に，2008年における会計は先にあげた自治体財政健全化法の関係から重要であり，こうした中期的に悪化することが予想される事業会計に対して各自治体で厳しい対応が図られることが予測される。

　続いて，中国地方における病院事業の状況を市町村立自治体病院についての統計をみていくなかで明らかにしておこう。

6.2　中国地方における自治体病院の現状

　中国地方における自治体病院の現状についても，基本的に全国的傾向と近いものといえる。すなわち，2004年度以降の医師不足などが経営面での状況を圧迫してきている。図表6.2は2004年から

2006年までの中国地方各県における黒字事業者の推移である。全体として2003年と2004年には34あった黒字病院は，2005年に29，2006年には18とわずか3年で半数にまで落ち込んだことになる。

鳥取県もそれまで2つあった黒字病院が2006年に1つに，島根県は0になり，黒字病院の多かった岡山県でも14から7，広島は暦年で順次減少し，2003年から2006年まで9から6に減っていった。山口県については2003～04年に黒字病院が1つ増加し，その後，2005～06年の間に全体数が半減している。このため，中国地

図表6.2 自治体病院（市町村）の黒字事業者数

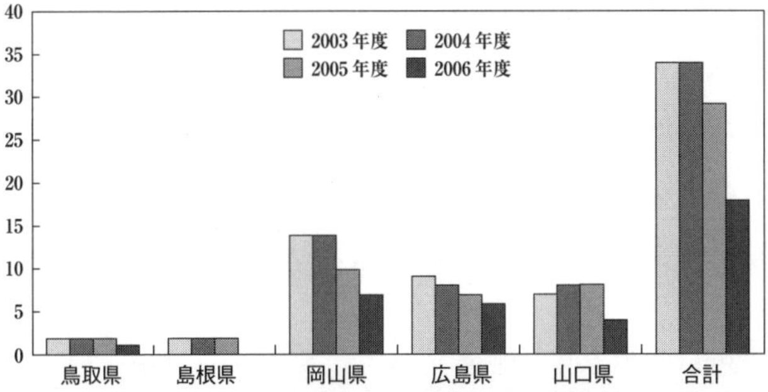

出所）　総務省『公営企業年鑑 平成15年～18年』2004～2008年

図表6.3 自治体病院（市町村）の黒字事業者比率

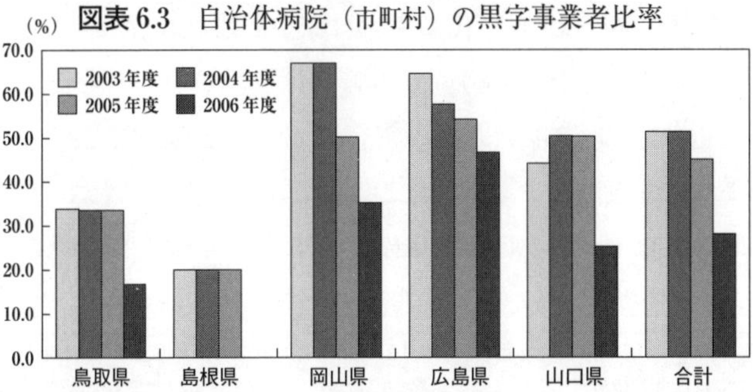

出所）　図表6.2と同じ。

方の多くの県で黒字病院が半減する傾向にある。比率にしてみると、それまで50％台を保っていた黒字病院の割合は、2005年、2006年までに27.7％にまでに減少している（図表6.3）。

このように、悪化の時期と2004年の新臨床研修制度施行以後の状況は、全国的なものと同様、中国地方の自治体病院についても深刻な問題を提示しているといえる。

自治体病院の赤字要因は制度的なものや、立地、病床構成、医師配置などさまざまな要因に影響されているが、そのなかでも、一般病床と療養病床を主にした自治体における医療サービスを基本的に担う病院事業のうち、病床数などからこれを分類し、『公営企業年鑑』のデータ上、純益を4年連続で計上している病院会計についてヒアリングを中心に、その経営の工夫や思考、自治体や地域医療サービスとの関連について明らかにしていく。[*]

6.3　鳥取県日南町国民健康保険日南病院

日南町は鳥取県の西側最南に位置する人口5654人（2008年10月）の自治体である。人口は1965年の国勢調査で1万3130人であったが、その後、1970年代に大幅に減少し現在に至っている。中国山地内奥の自治体であり、主要産業は農業が中心となる。現在、人口に占める65歳以上人口の割合は47.2％と鳥取県で最も高い。このように、人口減少や高齢化といった圧力にさらされている日南町において自治体病院は、地域の医療サービスの要として機能してきた。

＊本章で取り上げた病院は、鳥取県日南町日南病院、広島県尾道市公立みつぎ総合病院である。日南町は標準財政規模に対する病院の黒字規模が中国地方の市町村で最も大きく、尾道市はキャッシュフローで中国地方中最高額となっている。

日南病院は1962年に内科，外科，産婦人科を持つ病床27床の診療所から出発し，およそ半世紀にわたって日南町周辺に総合的な医療福祉サービスを提供してきた。現在の病床は一般59，医療9，介護医療31の計99床であり2007年時点での利用率は79.9％となっている。日南病院は先の『公営企業年鑑』から4年間のデータで連続して純益を上げている事業体であるが，それ以前からも1983年から2007年までの24年間連続して純利益を計上している[*]（図表6.4）。

このような黒字病院において病院経営および自治体財政との関係から経営上の黒字化をどのように意識しているか質問した。結果は，黒字化を意識しながらもこれを至上命題化するようなことにはなっていないという回答であった。

すなわち，自治体病院は不採算部門を担当する病院であることか

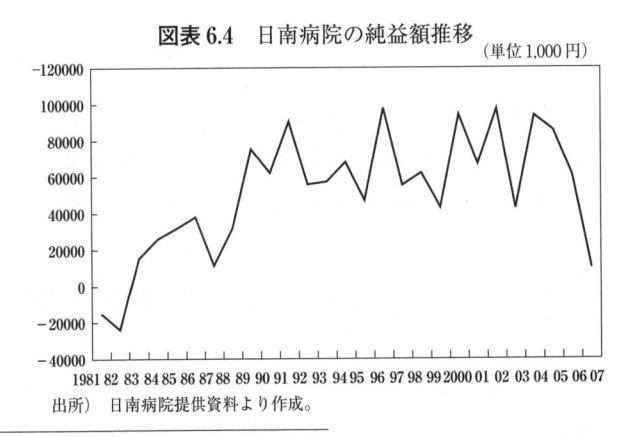

図表6.4 日南病院の純益額推移

(単位1,000円)

出所） 日南病院提供資料より作成。

[*]ただし，自治体からの繰入金収入を除いた場合は，近年では年間1億程度の赤字となる。繰入金収入の比率は日南病院の場合，ここ10年間で概ね総収益の1割程度を推移しており2007年のデータでは12.4％を占め，近年では上昇傾向にある。これは，黒字病院における繰入金割合を比較してみた場合，高い割合に位置する。

図表 6.5 2006 年度の病床回転率

全国平均	14.7
鳥取市立病院	24.5
岩美病院	17.7
智頭病院	17.5
西伯病院	18.3
日南病院	25.5
日野病院	14.0

ら,無理に黒字化を意識してきたわけでなく,あくまでも地域医療の向上を目指すなかで結果的に黒字を達成してきたということであった。また,黒字病院に期待される特徴としての経営改善施策,具体的には経費の節減や効率化といった面についても,特別な対策を実施しているわけではないと回答があった。確かに,職員給与の削減は実施されたが,病院独自の削減というわけではなく,日南町の公務員給与削減にあわせて実施されたものであるとする。

ただし,後にも述べるが日南町で早くから実施されてきた「在宅ケア」は,在院日数を低下させ病床回転率を引き上げ,結果的に病院経営面でプラスの影響を与えている。病床回転率とは,入院病床1床につき,年間どれだけの患者が利用したかを示す数値である。数値が高いほど,1病床に対する利用者数が多いことになる。そのため,入院患者1人当たりの入院期間も短くなるため,結果的に多くの入院患者を受け入れることができる。病床構成を考えると,一概に比較できないが,2006年度の統計では日南病院の病床回転率は25.5と鳥取県で最も高い。全国平均での数値が14.7にとどまるなか,日南病院は平均よりも年間で10人/1病床分多く入院患者を受け入れている計算となる(図表6.5)。

先ほど述べたように,回転率が高ければ1人当たりの入院期間も当然短いものとなり,この点も病院経営に資するといえる。日本の医療費は,診療報酬制度に定められる保険診療点数によってそれぞれの単価が細かく決まっている。入院費用も同様であり,疾病の種

類に応じて入院基本料などの点数が変わってくる。このなかで，日本においては社会的入院などの問題から長期入院を抑制するため，入院期間が長くなるほど保険診療点数が低くなる措置がとられてきた。

具体的には，たとえば盲腸の手術による入院などの場合，基本的に入院期間は14日と定められている。この14日のうち，初めの入院期間4日と次の4日，残りの6日で診療点数が異なる。初めの4日は1日当たり3566点（3万5660円），次の4日は2636点（2万6360円），残りの6日間は2241点（2万2410円）で計算される。この計算からも，1人の入院患者を14日間入院させるよりも点数の高い初期に退院させ，再び入院患者を受け入れるかたちで病床の回転率を高めるほうが病院収入にはプラスに働く。

仮に1年間盲腸の患者を受け入れる場合，1病床に規定となる最大入院期間である14日間，患者を受け入れるとすると，受け入れ可能な患者はおよそ26人で診療点数の総額は99万7336点（997万3360円）である。これに引き換え，最も点数の高い初期4日だけで退院させると受け入れ可能な人数はおよそ91人，総額の点数は130万1590点（1301万5900円）となる。このように，最大日数で受け入れるよりも，点数の高い短期での入院患者を多く受け入れる方が，この例だと30％近く収益が高い計算となる。

先にも述べたように，疾病の種類によってこれらの基本的な入院期間も，点数が下がり始める期間も異なるが，総じて，短期間で退院させ患者を多く受け入れたほうが（病床回転率が高い），病院の収益は高くなるといえる。しかし，直りきらない患者を強制的に退院させても問題の解決にはならない。実際，入院期間の短期化という

政策誘導が，患者に退院を迫る「不適切な退院」や「不適切な転院」を引き起こしていると批判する論調もある。*

　重要なのは，日南町における在宅ケアや，次に取り上げる尾道市のみつぎ総合病院において実施されている地域包括ケアシステムなどが，入院の長期化により寝たきり患者が増加するなどの問題に対し発案されたもので，その意味では収入向上策としてこれらが提起されたわけではないことである。赤字病院を抱える自治体などで，こうした点を踏まえずに収益向上を最大目的に，いたずらに病床回転率を上げても地域における福祉という受け皿を欠いたままでは「不適切な退院」が生じる危険性は高い。

　この点で，次に説明する在宅ケアシステムなどの成立経緯を考えても，高齢化する地方では病院だけでなく地域全体が1つの医療や介護の場であり生活の場であることが重要となる。

　日南病院において特徴的なのは，1984年から全国的取組みに先駆けて「在宅ケア」が実施されたことである。具体的には，退院患者宅に看護師が訪問し，病状観察，床ずれ予防やその処置，ターミナルケア（終末期医療），カテーテル管理などのサービスを実施する。加えて，家族への介護方法の相談に乗り，適切な情報提供をおこなうほか，状況に応じて医師の診察を自宅で行うシステムをもっている。また，こうした医療スタッフによる，いわゆる医療の出前行為は診療報酬とならない時点から開始されている。この実施について，日南病院の病院管理者は県内で最も進む高齢化に早くから危機感をもっており，その危機への対応として独自施策の展開を説明した。

---

*印南（2009）などを参照。

これは，現在に至っても，「地域社会の維持」という命題を同病院が強く主張する理由でもある。

在宅ケアなどの取組みは，経営改善を目指して実施されたものではないが，いわば結果としての経営改善施策に位置づけられる。また，病院経営の方針については，毎月1回病院幹部と自治体との間で会合がもたれ，共通認識の形成や病院が設定する議題について話し合いがもたれ課題の抽出などが行われている。このなかで，町行政への要望や課題把握などがはかられることで町の保健衛生部門との密接な連携が担保されている。

6.4 広島県尾道市公立みつぎ総合病院

広島県尾道市御調町の公立みつぎ総合病院は，中国道尾道インターチェンジから北に15kmほどに立地する，介護福祉設備が充実した総合病院である。同病院の特徴として，医業収入の30％を保健福祉分野および在宅ケア部門が占める状況と，全国的にも評価の高い「地域包括ケアシステム」を先駆けて展開した点があげられる。地域包括ケアシステムとは，病院が医療のみならず，保険，医療，介護，福祉の重複する分野において，病院，行政，住民，NPOなどと情報を相互に伝達しながら，その受け皿をソフトハード両面で提供していくシステムのことである（図表6.6）。

こうした取組みの前身となるのが，1974年の段階で始められた訪問看護制度の実施である。日南病院でも先進的に始められてきていたが，こちらではさらに早い段階で当時では診療報酬外にある訪問看護制度を開始した。これは，高齢化の進む地域で，老人の入院を進めれば進めるほど寝たきり老人が増えるという悪循環に対し，

病院が自主的にその解決を企図したためであった。みつぎ総合病院では，先に述べた訪問看護制度を洗練化していくことにより，寝たきり率の減少と抑制に成功し，かつて4～5％であった寝たきり率（65歳以上人口に占める寝たきり患者の割合）を現在では1％水準で安定させている。

財務上の要点からいえば，先の日南病院の事例とも共通するが，寝たきりや長期入院を抑制し在宅や介護施設と一体的に運営することは病床回転率を高め，先にも示したが病院収入の4分の1を占める保健施設収入も収益に貢献する。高齢化が懸念されるなか，地域において医療と介護をワンストップで提供できる地域包括ケアシステムは住民生活の質を向上させると同時に，病院経営の安定化にも資するシステムであるといえる。

こうした福祉と医療の一体的な運用を進めるため，自治体の保健衛生部門と病院の介護医療部門を統合し，保健福祉センターを設立

図表6.6　地域包括ケアシステムの組織図

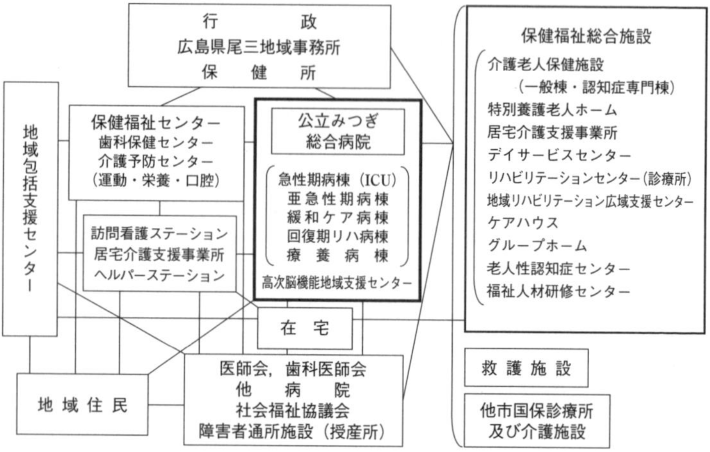

するなど他の自治体では余り見られない特徴的な病院運営を実施している。こうした独自の取組みの実施の要諦には，いち早く病院経営を公営企業法の全部適用団体とし，独立した事業者を置く体制をとっていたことなどが調査においては強調された。上下水道をはじめ，病院などを含む公営企業には公営企業法という法律に従って経営をおこなう必要がある。しかし，その全部適用と一部適用では，会計制度や設置基準などが異なる。一部適用の場合，その経営権は主に自治体の長が代替することが多く，公営企業の自由度や経営品質に問題が生じることがある。全部適用団体となることで病院長が経営をおこなうことは，病院経営の質を向上させるなどの効果が指摘されている。[*]

また，病院長へのヒアリングにおいて，黒字経営を意識することで，必要とされる地域医療サービスを提供することが初めて可能であるとされた。このように積極的な黒字運営への意識と，地域医療サービスへの展開を背景として，経営手法についても看護，介護部門を中心に給与制度の適正化，人事考課の導入，療養病床の再編，借入金のコントロール，医療システムのIT化を通じた経営改善策を実施している。一方で，2007年時には黒字幅の還元としてボーナスの増額など，経営システムをある程度柔軟に運営しているものといえる。

行政部門の財政政策上からの影響などはなく，経営方針についての調整も必要に応じて病院管理者と市長との間で対応がおこなわれる以外は特別設けられてはいない。これは，現場レベルでは先にも

---

[*] 小山田（2006: 63〜65頁），塩谷（2007: 90〜91頁）。また，前述の日南病院も全部適用病院である。

述べたとおり，保健福祉センターにおいて病院と行政の一体的運営が実施されている面もその要因であるといえる。

このようにみつぎ総合病院では，すでに高い評価を受けている制度がいずれも運営の自主的な問題意識から生じてきており，それについて行政部門や地域そのものを引き込んでいくことによりさまざまな事業展開とその黒字運営を達成していると考えられる。特に，現在も地域医療ニーズを把握するために，病院スタッフが「健康づくり座談会」として夜間に町内集落へと出向き，医療介護情報の説明及び地域住民からの要望などを聞いている。こうした取組みは無償のため，当然ながら病院の負担となるが，これにより病院の医療介護サービスの課題を抽出する役割をもっていると理解できる。こうした地域医療ニーズを把握するための一種のアンテナをもっていることは，先の事例とも共通する面であるといえるだろう。

6.5 自治体病院経営から考える公的支出の「質」

以上，自治体病院における財務上の問題と，黒字化を達成している病院事例の取組みについて述べてきた。最後に，こうした取組みを含め自治体病院および財政学的な意義について考察しよう。日南病院やみつぎ総合病院では，いち早く訪問看護や地域ケアシステムを確立し，地域全体での医療介護システムの構築や病院の維持を図ってきた。町との調整や健康座談会などの取組みは，地域の医療ニーズを把握し，効果的な対応策を探る動きを作り出している。このように黒字病院では基本的な経営の質が優れていることが評価できる。また，重要な要素して，そうした運営の背景には市町村など基礎自治体のバックアップが大きい。

すなわち，日南病院もみつぎ総合病院も，自治体病院であるため診療報酬や介護報酬による収入以外に，繰入金というかたちで自治体の一般会計や国および県から公的資金が投入されている。日南町を例に取ると，2007年度決算で，日南病院への日南町一般会計からの繰入金は1.7億円であり，それが日南病院の収入に占める割合は12.4％に上り，仮に繰入金がなければ1.6億円の赤字に転落する。

自治体病院への繰入金の多くは，基本的に移転財源である地方交付税交付金などによって賄われている。地方交付税交付金は周知のとおり，自治体が必要となる予算額と，自主財源である租税収入との差額を各自治体に充当する財政調整システムである。この必要となる予算額（基準財政需要）を算定する際，平均となる単価や基準が存在するが，このなかで自治体病院分の財政需要が計上されることになる。

再び日南町を例に取れば，町の財政規模はおよそ73億円なので，全収入の約2％が病院会計に繰り入れられている。さらに，日南町内部の地方税などを主とする自主財源はわずか6億円程度であり，残りの67億円のほとんどが交付税を始めとする移転財源である。自主財源だけで病院への繰入金を充当しようとすれば，その25％を投入することになり，この点からも病院の経営を安定的に維持するうえで，交付税などの移転財源は必要不可欠なものといえる。

交付税は地方の財政需要を補償する制度であるが，その財源は所得税，法人税，消費税，酒税，たばこ税など国税の一定割合である。これらの税収は東京など大都市圏に集中していることから，交付税は事実上，大都市圏から非大都市圏への財政移転という性格を持つ。しかし，交付税による財政調整は近年，非大都市圏の無駄遣いを招

くとされ批判されてきている。

　実際，各章でも述べられたように日本の福祉国家システムは，交付税などを利用し道路やダム建設など公共事業を通して雇用や所得を補償してきた。長年の公共事業の結果，日本は対 GDP 比 2.5 倍に上る先進諸国と比較しても突出した規模の公的債務に苦しめられている。こうした財政状況のなかで，大都市圏からの財政移転を必要性が定かでない公共事業につぎ込むことに納税者の同意を得られる状況にはない。

　交付税のすべてが公共事業に使われているわけではないが，非大都市圏への移転財源が無駄との印象が高まっていることは疑いえない。こうしたなかで，移転財源の減少で自主財源の乏しい地域で医療や交通といった生活の質 (quality of life) そのものが危機にさらされている。しかし，これまでの土木事業を通した再分配ができなくなったからといって，非大都市圏が財政的にも経済的にも切り捨てられる社会が持続できるとは考えにくい。その意味では，非大都市圏を含め国全体の生活を支えるため，交付税の財政調整機能は依然，非常に重要である。

　一方で，外からやってくる金とはいえ，それを統制なく湯水のように用いることが，非大都市圏に許されていないことも明らかである。非大都市圏においても，窮乏に対して単に援助を求め続けるのではなく，これを解決するために地域全体での積極的な対応が必要となる。

　たとえば，日南町の事例では急激な高齢化という地域課題に対して，病院維持のために積極的に公的資金を投入することで衰退に対応しようとしている。また，みつぎ総合病院では公的部門との共同

のなかで地域包括ケアシステムという新たな地域医療のモデルを組み立てていった。そうした手厚い医療システムは移住者をひきつけるとともに，バリアフリーへの改造を請け負う業者や医療介護部門の労働者など地域雇用を作り出している。

このように地域ニーズを自主的にかつ積極的に拾い上げ，それに重点的に公的資金を投入することで，危機を克服のみならず新たなシステムや地域の新規雇用など，社会，経済を発展させることも可能である。地方分権という流れが加速するなかで，このような地域の挑戦は財政システムに対する示唆のみならず，私たちの生活を快適にしていくうえで不可欠な視点を含んでいるものといえるだろう。

（吉弘憲介）

参考文献

印南一路（2009）『社会的入院の研究』東洋経済新報社

大島誠（2008）「病院 PFI の検証―高知医療センターを事例に」（金澤史男編『公私分担と公共政策』日本経済評論社 所収）

小山田恵（2006）「自治体病院の役割と改革」（『都市問題』第 97 巻 11 号 所収）

門野圭司（2008）「公私分担論の展開と公民パートナーシップ論」（金澤史男編 前掲書）

金川佳弘（2008）『地域医療をまもる自治体病院経営分析』自治体研究社

公営病院に関する財政措置のあり方等検討委員会（2008）『公営病院に関する財政措置のあり方等検討委員会報告書』総務省

小西砂千夫（2008）『自治体財政健全化法』学陽書房

塩谷泰一（2007）「共感と感動の医療が求められる自治体病院」（『都市問題』第 98 巻 11 号 所収）

神野直彦（2002）『財政学』有斐閣

総務省（2004～2008）『公営企業年鑑 平成 15 年～19 年版』総務省

諸富徹・門野圭司（2007）『地方財政システム論』有斐閣

読売新聞「公立 93 病院で入院休止，経営悪化や医師不足原因」2008 年 4 月 7 日。

あとがき

　本書『グローバル化と福祉国家と地域』は，シリーズ「21世紀の福祉国家と地域」の第2巻であり，すでに2009年12月に刊行された第1巻『福祉国家と地域と高齢化』とセットになっている。21世紀における福祉国家を取り巻く最重要な要因を人口高齢化とグローバル化と考えるゆえである。

　このシリーズ「21世紀の福祉国家と地域」は，2005年にスタートした前シリーズ「福祉国家と地域」の成果を継承するものである。*前シリーズから新シリーズへ進むことになった理由は，第1に時代の進展とそれにともなう福祉国家についての危機感の深まりであり，第2にその危機感の先に，ある種の覚悟と進むべき方向が見えてきたことである。ベビーブーム世代の退職と高齢化によって人口の高齢化傾向が強く深く進展して，年金や医療や介護の分野における経費膨張の圧力は，人類史上これまでに経験しなかったものになるはずである。20世紀型の寛大な構造を維持すれば，日本の福祉国家財政は確実に破綻すると思われる。

　その膨張圧力に対して，できるだけ膨張スピードを緩めるためのブレーキをかけておかないと，福祉国家が日本社会の能力を越えて膨張して，福祉国家も日本社会も破たんするという危機感がある。

　しかも，本書の第1章でみた産業の空洞化は，日本社会のすべての分野で進行する空洞化につながるかもしれない。20世紀後半の

　＊前シリーズでは，第1巻『地域と福祉と財政』(2005)，第2巻『地域経済と福祉』(2006)，第3巻『地域の医療と福祉』(2007)，第4巻『社会保障と地域』(2008)，第5巻『日本の福祉国家財政』(2008) を刊行した。

順調な経済成長と国際競争力の上昇と，それを基盤とする「豊かな社会」や寛大な福祉国家は，21世紀のグローバル化のなかで前提条件が掘り崩されていくかもしれない。グローバル化の厳しい状況下で働く現役世代にたいするセフティネットの必要性は質量の両面で高まっており，国際競争力を維持するためには，その次世代のための子育て支援策や教育投資に経済資源を回すことが要請される。

21世紀の強い資源制約のもと，退職後のベビーブーム世代は，地域住民として自立と自律と自己責任の「小さな政府」を背負っていくのが，世代全体としての使命である。そして，地域の自立的なコミュニティが再建され，それを基盤として力強い地方分権の社会システムを確立することが，持続的な福祉国家へ向けての再編にとって必要不可欠である。

地球規模の視野のなかで日本の経済社会と福祉国家の変化をとらえながら，地域に根強い基盤をもつ福祉国家への再編に向かう道を模索したいという問題意識の試みに理解をしてくださって，出版事情の厳しいなか，この新シリーズ「21世紀の福祉国家と地域」の刊行をふたたび引き受けてくださった学文社の稲葉由紀子氏に心から感謝したい。

 2010年1月4日

編者を代表して
渋 谷 博 史

索　引

あ

ASEAN	29, 31, 32, 33, 46
アメリカ原子力法	57
アメリカ・モデル	10, 11, 13
医療券	140
オバマ民主党政権	10, 12, 13

か

海外生産比率	32
海外設備投資比率	32
介護給付	123
核家族	14, 15
カテーテル管理	168
逆三角貿易	32
逆輸入効果	32, 33, 34, 47
キング牧師	12
ケアプラン	123
ケアマネジャー（介護支援相談員）	123
健康で文化的な最低限度の生活	76, 77, 90
原子力関連予算	57
原子力基本法	58
原子力発電所誘致に関する決議	60
原子力利用準備調査会	57
高額医療費支給制度	111
後期高齢者	78, 80, 101, 105, 106, 109, 120, 125
後期高齢者医療制度	109, 112, 131, 133, 151
公共事業複合体	38
公共投資基本計画	38
公的固定資本形成	37
高齢者等が一人でも安心して暮らせるコミュニティづくり推進会議	15
呼吸器系の疾患	104
国民医療費	101, 102, 103
孤独死	14, 16, 17
雇用主提供医療保険	145
孤立死	14, 15, 16
コンピュータ産業	31

さ

三角貿易	32
産業集積	44, 47
資格証明書	147, 149, 150
支払基金交付金	121
社会保険診療報酬支払基金	112
シャッター通り	28
若年孤独死	16, 17
重度の要介護者	105, 108
終末期医療	168
循環器系の疾患	104
蒸気発生器伝熱管	56
商業用原子炉	53, 61
小説『蕨野行』	19, 21, 22, 26
新公共投資基本計画	38
新自由主義	29, 40, 42
新生物	104
申請保護の原則	139
腎尿路生殖器系の疾患	104
新臨床研修制度	161, 164
生活保護開始	141
前期高齢者	78, 101, 105, 106, 109, 115, 133
戦後的グローバル化	11, 12

た

対外投資促進度	29
退職者医療制度	86, 87, 115, 120, 121, 133
退職者給付拠出金	115, 116, 117, 120
多世代同居	14, 15
ターミナルケア	168
地域包括ケアシステム	168, 169, 170, 175
地域包括支援センター	134
長期的グローバル化	11
電源開発促進対策特別会計法	61
電源開発促進法	61
電源三法	61
電源三法交付金	24, 56, 61, 63, 65

電源立地地域対策交付金	61, 63, 71	貿易開放度	29
土建国家	23, 34, 36, 39, 40, 49	北陸地方開発促進法	59
な		保険料収納率	150
長野モデル	51	**ま**	
NIEs	29, 31, 33, 46	マクロ経済スライド	98, 99
日米原子力研究協定	58	見守り訪問	17
日米構造協議	38	メディケア	145
年金制度の成熟	8	メディケイド	145
は		モジュール化	31, 33
パクス・アメリカーナ	11	**や**	
派遣労働者	146	輸出代替効果	32, 33, 34, 47
発電用軽水炉建設	58	輸出誘発効果	32, 34, 44, 47
発電用施設周辺地域整備法	61	予防給付	123
パートタイマー	109	**ら**	
バードン・シェアリング	35	療養給付費交付金	115
非常用炉心冷却装置	56	老人保健拠出金	112, 115, 116, 117
非正規雇用	17, 144, 145	老人保健制度	86, 87, 112, 120, 121, 131, 133
非正規労働者	153	老老介護	18, 19
病床回転率	166, 167, 170	**わ**	
病床利用率	160	『若狭みはま「産・観・学」交流推進計画』	54
福井県原子力懇談会	59	ワンストップ	170
福祉事務所	140, 141		
僻地医療	160		
ベビーブーム世代	7, 8, 13, 21, 26		

執筆者一覧

渋谷博史*	東京大学社会科学研究所教授	（序章，第3章）
樋口　　均*	信州大学経済学部教授	（第1章）
塚谷文武	岐阜経済大学経済学部准教授	（第2章）
櫻井　　潤*	北海道医療大学看護福祉学部専任講師	（第4章）
長谷川千春	立命館大学産業社会学部准教授	（第5章）
吉弘憲介	下関市立大学経済学部准教授	（第6章）

21世紀の福祉国家と地域　2

グローバル化と福祉国家と地域

2010年4月4日　第一版第一刷発行	◎検印省略
2012年8月20日　第一版第二刷発行	

編　者　渋谷博史
　　　　樋口　　均
　　　　櫻井　　潤

発行所	株式会社 学文社	郵便番号　　　153-0064 東京都目黒区下目黒3-6-1 電　話　03(3715)1501(代)
発行者	田中千津子	振替口座　　00130-9-98842

©H. SHIBUYA, H. HIGUCHI, J. SAKURAI 2010
乱丁・落丁の場合は本社でお取替します。　　印刷所　シナノ
定価はカバー・売上カードに表示。

ISBN 978-4-7620-2067-4